# TORTEN

## STILVOLL UND AUSGEFALLEN

MONIEK RUMP

STILVOLL UND AUSGEFALLEN

 GERSTENBERG

Aus dem Niederländischen
von Birgit van der Avoort

1 Auflage 2016
Deutsche Ausgabe Copyright © 2016
Gerstenberg Verlag, Hildesheim
Satz und Redaktion: twinbooks, München
Alle Rechte vorbehalten

Printed in Poland

ISBN 978-3-8369-2124-4
www.gerstenberg-verlag.de


Foto Seite 171: Shutterstock

Foto Seite 207: Nienke de Scheemaker,
NAPhotography

Die Originalausgabe erschien 2015
unter dem Titel Taarten in Stijl bei
Fontaine Uitgevers BV
Graaf Florislaan 38
1217 KM Hilversum
Niederlande

Copyright © Fontaine Uitgevers BV 2015
Text © Moniek Rump
Rezepte, Styling, Fotografie und Layout:
Moniek Rump, www.moniekrump.com

# Inhalt

# VORWORT

Jede Feier wird noch festlicher, schöner und köstlicher durch eine selbst entworfene und selbst gebackene Torte. So schwierig ist das gar nicht. Alle Torten in diesem Buch habe ich in meiner eigenen Küche mit nur zwei unterschiedlichen Backformen zubereitet.

Statt Fondant verwende ich Buttercreme, Baiser oder Ganache zum Dekorieren der Torten. Die Torten sehen so moderner und trendiger aus und die Umsetzung gelingt viel einfacher, sodass alle in diesem Buch vorgestellten Techniken auch von Anfängern gut zu bewältigen sind.

Die Buttercreme aromatisiere und färbe ich meist mit natürlichen Zutaten wie Matchapulver, Fruchtpüree oder Karamell. Ich verwende eine Schweizer Baiser-Buttercreme – kurz: SBBC – mit einer samtigen Textur, die mit weniger Zucker und Butter als eine normale Buttercreme zubereitet wird und viel besser schmeckt.

Mit den vorgestellten Techniken können Sie schlichte und akkurat gearbeitete oder aber auch naturalistisch wirkende Dekore zaubern. In Kombination beispielsweise mit Blüten, einer Girlande aus Filzbällen oder Papierrauten schaffen Sie immer wieder überraschende, neue Effekte.

Natürlich können Sie die in diesem Buch vorgestellten Torten nachbacken. Sie können aber ebenso gut Ihre eigene Torte kreieren, die Sie ganz individuell auf Ihr Fest abstimmen. Ich erkläre darum alle Bestandteile einer Torte Schritt für Schritt. Wie groß soll die Torte werden? Welche Techniken wenden Sie an? Welcher Geschmack ist besonders gut? Welcher Stil passt zum geplanten Fest?

Ich hoffe, dass die Abbildungen der Torten und der dazu passenden Cupcakes, Cakepops, Baisers und anderen Backwaren dazu beitragen, Ihr Fest zu einem einzigartigen und unvergesslichen Erlebnis werden zu lassen!

*Hinweise zu den Rezepten:*

*Die in diesem Buch verwendeten Esslöffel haben einen Inhalt von 15 ml, die Dessertlöffel von 10 ml und die Teelöffel von 5 ml. Da Löffel unterschiedlich groß sein können, empfehle ich Ihnen, standardisierte Messlöffel von 15, 10, 5 und 2,5 ml zu verwenden. Diese werden häufig auch als Set angeboten. Alle Löffelangaben in der Zutatenliste beziehen sich auf das gestrichene Maß.*

*Backöfen können unterschiedliche Temperaturen haben, selbst die Öfen einer Marke. Daher ist ein Backofen-Thermometer sehr empfehlenswert.*

*Die Cupcakes werden in 38 mm hohen Förmchen gebacken. Bei Verwendung niedrigerer Förmchen bekommen Sie eine größere Menge Cupcakes. Die Backzeit reduziert sich entsprechend.*

*Ausgefallene Zutaten können Sie eventuell über das Internet bestellen.*

*Für ein gutes Backergebnis ist es wichtig, dass Sie nur mit Zutaten in guter Qualität arbeiten. Am besten mit Bio-Eiern, -Milch und -Butter backen und Meersalz verwenden. Die in den Rezepten verwendete Butter ist nicht gesalzen, falls nicht anders angegeben. Alle Zutaten sollten Zimmertemperatur haben.*

*Bei abgeriebener Schale von Zitronen oder anderen Zitrusfrüchten auf Bio-Früchte zurückgreifen.*

*Verwenden Sie natürliche Extrakte, da deren Geschmack wesentlich intensiver ist. Für meine Rezepte greife ich auf Extrakte von Nielsen-Massey zurück. Die Madagascar Bourbon Pure Vanilla Bean Paste ist ein idealer Ersatz für echte Vanilleschoten.*

*Rechts: Kleines Sträußchen für die Torte mit Sukkulente und Craspedia von S. 112–113.*

Größe

# TORTENGRÖSSE BESTIMMEN

Eine mehrstöckige Torte ist in der Regel ein etwas umständliches Unterfangen: Zuerst die einzelnen Etagen der Torte zusammensetzen, dann Stäbe als Verstärkung in den Kuchen stecken, transportieren, nach dem Anschneiden alle Etagen wieder auseinandernehmen und die Stäbe herausziehen.

Auch das Anschneiden ist schwierig, die Stücke lassen sich nicht gleichmäßig schneiden (eine Torte von 15 cm Durchmesser ist etwas ganz anderes als eine von 30 cm Durchmesser) ...

Doch es geht auch einfacher. Sie backen lediglich eine Torte (zum Anschneiden und Verzehren) in der benötigten Größe.

Wird nur in kleinem Kreis gefeiert, dann ist eine einfache Schichttorte völlig ausreichend. Soll die Torte zum Blickfang einer großen Feier avancieren, dann können Sie beliebig viele „falsche" Etagen hinzufügen. Diese bestehen aus Styropor und werden mit doppelseitigem Klebeband oder speziellem Styroporkleber aufeinandergesetzt. Die „falschen" Etagen werden genau wie die echte Torte überzogen. Solch eine Etagentorte lässt sich wegen ihres geringen Gewichts gut transportieren. Außerdem ist sie sehr stabil. Die Tortenschicht, die zum Verzehr bestimmt ist, wird dann als oberste Etage mit doppelseitigem Klebeband auf den „falschen" Schichten befestigt.

Bei vielen Gästen können Sie auch zusätzliche kleinere Gästetorten backen und verzieren: Diese quadratischen Torten bekommen dann den gleichen Überzug und das gleiche Dekor wie die große Haupttorte. Und sie sind alle gleich groß, sodass alle Gäste gleich große Stücke bekommen. Auch passende Cupcakes oder Cakepops lassen sich gut vorbereiten. Besonders hübsch ist ein Kuchenbüfett mit einer Torte als Mittelpunkt. Dazu passen aufgetürmte Baisers und anderes süßes Gebäck.

*Tipp: Als Styroporetagen eignen sich 10 cm hohe Scheiben. Soll die Torte aus zwei oder mehr Etagen bestehen, ist es schön, wenn die unterste Etage etwas höher wird. Wählen Sie beispielsweise zwei 7 cm hohe Scheiben, die Sie übereinandersetzen. So hat diese Etage eine Höhe von 14 cm. In diesem Buch finden Sie einige Male auch Torten mit zwei Etagen in einer anderen Größe. Hier ist die Styroporetage 10 cm hoch und die echte Torte ungefähr 7 cm. Die Torte besteht dann also nicht aus drei Etagen, sondern lediglich aus zwei. Auf Seite 32 finden Sie die genauen Mengenangaben. Die Styroporetage können Sie auch durch eine Scheibe aus Blumensteckschaum ersetzen, die Sie mit Blüten dekorieren (siehe dazu „Frische Blüten" auf Seite 72).*

Geschmack

# VANILLEBISKUIT + VARIATIONEN

**ZUTATEN** 225 g **Butter**, 250 g feiner **Kristallzucker**, 4 **Eier**, getrennt, 2 TL **Vanilleextrakt**, ¼ TL **Salz**, 225 g **Mehl**, ½ Päckchen **Backpulver**, 120 ml **Milch**
**ARBEITSMATERIAL** 3 runde **Backformen** von 15 cm Durchmesser, **Backpapier**

Den Backofen auf 180 °C (160 °C Umluft) vorheizen. Die drei Backformen mit Butter ausstreichen und mit Backpapier auslegen. Das Backpapier ebenfalls leicht mit Butter einfetten.

Butter und 175 g Zucker zu einer hellen schaumigen Masse verrühren. Die Eigelbe einzeln unterrühren. Vanille und Salz zufügen. Mehl mit dem Backpulver mischen. Unter Rühren abwechselnd das Mehl und die Milch unter die Butter-Zucker-Masse mischen.

Die Eiweiße in einer fettfreien Schüssel zu steifen, glänzenden Spitzen schlagen. Sobald sich die ersten Spitzen formen, den restlichen Zucker gleichmäßig einrieseln lassen. Den Eischnee vorsichtig unter den restlichen Teig heben. Die gesamte Teigmenge gleichmäßig auf die drei vorbereiteten Backformen verteilen und Kuchen in den Backofen schieben.

Nach etwa 30 Minuten Backzeit ein Holzstäbchen in die Mitte der Kuchen stechen. Kommt es sauber heraus, sind die Kuchen fertig gebacken. Oder einfach leicht auf die Kuchen drücken. Springen sie zurück, sind sie ebenfalls fertig gebacken. Die Kuchen kurz in den Formen ruhen lassen, dann herauslösen und auf einem Kuchengitter vollständig abkühlen lassen.

Die Kuchen bleiben lange frisch, wenn sie lauwarm in Frischhaltefolie verpackt in einem luftdichten Behälter aufbewahrt werden. Am besten über Nacht in den Kühlschrank stellen. Gut verpackt halten sie sich bis zu 2 Monaten im Tiefkühlschrank.

Die Rezeptmenge ist ausreichend für eine etwa 10 cm hohe Torte. Soll die Torte höher werden, einen weiteren Boden backen. Die entsprechenden Mengen lassen sich nach der Übersicht auf Seite 32 einfach berechnen.

*Geschmacksvariationen: Zitronenbiskuit: Die abgeriebene Schale von 2 unbehandelten Zitronen und den Saft von 1 Zitrone zufügen. Rosenbiskuit: Den Teig mit roter Lebensmittelfarbe hellrosa einfärben und ½ TL Rosenextrakt untermischen. Mohn-Orangen-Biskuit: Die abgeriebene Schale von 2 unbehandelten Orangen und 50 g Mohnsamen untermischen. Kokosbiskuit: Die Milch durch 150 ml Kokosmilch ersetzen und 50 g Kokosraspel unterrühren. Exotischer Biskuit: Noch 2 TL Kardamompulver hinzufügen.*

*Tipp: Ein Drittel des Teigs anders aromatisieren. Der daraus gebackene Boden wird später beim Zusammensetzen der Torte in die Mitte gelegt. Beim Anschneiden der Torte werden die drei Schichten sichtbar. Köstliche Kombinationen sind Vanille- und Rosenbiskuit oder Zitronen- und Vanillebiskuit. Oder die Biskuitböden mit dem Schokoladenkuchen von Seite 18 kombinieren und gleich zwei Torten zubereiten: eine Torte mit zwei Schichten Schokoladenkuchen und einer Schicht Orangenbiskuit. Die zweite Torte wird dann genau umgekehrt zusammengesetzt.*

*Der Teig kann auch auf zwei Backformen verteilt werden, sodass die einzelnen Schichten des Kuchens nicht ganz so hoch werden. Da in jede Form etwas mehr Teig kommt, verlängert sich die Backzeit entsprechend um etwa 5–10 Minuten. Die zwei Kuchenböden jeweils in der Mitte durchschneiden, sodass eine Torte mit vier Schichten entsteht.*

# HELLES BISKUIT

**ZUTATEN** 240 g **Mehl**, 35 g **Speisestärke**, 1 EL **Back-pulver**, ½ TL **Salz**, 300 g **Zucker**, 170 g **Butter**, 4 **Eiweiß** und 1 **Ei**, 2 TL **Vanilleextrakt**, 240 g **Natur-joghurt**, **Butter** für die Form
**ARBEITSMATERIAL** 3 runde **Backformen** von 15 cm Durchmesser, **Backpapier**

Den Backofen auf 180 °C (160 °C Umluft) vorheizen. Die drei Backformen mit wenig Butter ausstreichen, mit Back-papier auslegen und auch das Papier leicht mit Butter ein-fetten.

Mehl, Speisestärke, Backpulver und Salz in eine Schüssel sieben und Zucker und Butter zugeben. Mit einem Hand-rührgerät bei niedriger Stufe zu einem krümeligen Teig ver-arbeiten. Die Eiweiße einzeln zufügen und gut unterrühren. Dann das Ei und die Vanille untermischen.

Den Joghurt in drei Portionen zugeben, dabei jedes Mal die Masse wieder gut durchrühren, und alles zu einem lufti-gen Teig verarbeiten. Auf die drei vorbereiteten Backformen verteilen.

Im vorgeheizten Backofen etwa 30 Minuten backen. Die Kuchen sind fertig gebacken, wenn ein in die Mitte der Kuchen gestecktes Holzstäbchen beim Herausziehen sauber bleibt oder wenn die Kuchen bei leichtem Druck wieder zurückspringen. Die Kuchen in den Formen kurz ruhen lassen, dann aus der Form lösen und auf einem Kuchen-gitter vollständig abkühlen lassen.

Die Biskuitböden in Frischhaltefolie wickeln und in ei-nem luftdichten Behälter aufbewaren. So bleiben sie schön frisch. Am besten über Nacht im Kühlschrank aufbewahren. Gut verpackt können sie rund 2 Monate tiefgekühlt werden.

Die Rezeptmenge ist ausreichend für eine etwa 10 cm hohe Torte. Soll die Torte höher werden, dann noch einen zusätz-lichen Biskuitboden backen. Die entsprechenden Mengen lassen sich nach der Übersicht von Seite 32 einfach berechnen.

*Geschmacksvariationen: Für das helle Biskuit eignen sich die-selben Geschmacksvariationen wie für das Vanillebiskuit. Dieses Rezept ist sehr fein im Geschmack. Vor allem leichte frische Aro-men passen vorzüglich dazu. Helles Biskuit lässt sich gut mit frischen Früchten kombinieren. Der Joghurt kann durch dieselbe Menge Milch oder durch eine Mischung aus Crème fraîche und Milch ersetzt werden.*

*Der Teig kann auf zwei Backformen verteilt werden, sodass die einzelnen Schichten des Biskuits dann nicht ganz so hoch wer-den. Da in jede Form etwas mehr Teig kommt, verlängert sich die Backzeit entsprechend um etwa 5–10 Minuten. Die zwei Biskuitböden jeweils in der Mitte durchschneiden, sodass eine Torte mit vier Schichten entsteht.*

# SCHOKOLADENKUCHEN

**ZUTATEN** 100 g **Butter**, 120 g dunkle **Schokolade** (mind. 70 % Kakaoanteil), 200 ml kochendes **Wasser**, 30 g **Kakaopulver**, 150 ml **Buttermilch**, 250 g **Mehl**, 1 ½ TL **Natron**, 1 ¼ TL **Salz**, 3 **Eier**, 325 g hellbrauner **Zucker**, 2 TL **Vanilleextrakt**, **Butter** für die Form
**ARBEITSMATERIAL** 3 runde **Backformen** von 15 cm Durchmesser, **Backpapier**

Den Backofen auf 180 °C (160 °C Umluft) vorheizen. Butter und Schokolade in der Mikrowelle oder über dem Wasserbad erhitzen. Die Backformen leicht einfetten, mit Backpapier auslegen und auch das Papier dünn mit Butter einstreichen.

Wasser und Kakaopulver gut mischen und die Buttermilch unterrühren. Mehl, Natron, und Salz in eine Schüssel sieben und vermischen. In einer großen Schüssel die Eier mit einem Handrührgerät bei hoher Geschwindigkeit einige Minuten verquirlen, dann Zucker und Vanille zugeben. Die Geschwindigkeit reduzieren und die Schokoladen-Butter-Mischung hinzugießen. Alles gut vermischen. Langsam weiterrühren und nach und nach jeweils ein Drittel des Mehls und die Hälfte der Buttermilch untermischen. Nicht zu lange rühren. Zum Schluss den Teig auf die vorbereiteten Backformen verteilen.

Im vorgeheizten Backofen etwa 30–35 Minuten backen. Die Kuchen sind fertig, wenn ein in die Mitte der Kuchen gestecktes Holzstäbchen beim Herausziehen sauber bleibt. Die Kuchen in den Formen kurz ruhen lassen, dann herauslösen und auf einem Kuchengitter vollständig abkühlen lassen.

Soll die Torte höher werden, dann noch einen zusätzlichen Boden backen. Die entsprechenden Mengen lassen sich nach der Übersicht von Seite 33 einfach berechnen.

*Tipp: Wird die Hälfte des kochenden Wassers durch Espresso ersetzt, wird der Geschmack noch intensiver.*

# RED-VELVET-CAKE

**ZUTATEN** 20 g **Kakaopulver**, 3 EL kochendes **Wasser**, 200 ml **Buttermilch**, 115 g **Butter**, 300 g **Kristallzucker**, 2 **Eier**, 1 EL flüssige rote **Lebensmittelfarbe**, 1 TL **Vanilleextrakt**, ¼ TL **Salz**, 275 g **Mehl**, 1 TL **Natron**, 2 TL **Weißweinessig**
**ARBEITSMATERIAL** 3 runde **Backformen** von 15 cm Durchmesser, **Backpapier**

Den Backofen auf 180 °C (160 °C Umluft) vorheizen. Die drei Backformen leicht mit Butter ausstreichen, mit Backpapier auslegen und auch das Papier dünn einfetten.

Wasser und Kakaopulver gut mischen und die Buttermilch unterrühren. Butter und Zucker zu einer hellen schaumigen Masse verquirlen. Die Eier einzeln unterrühren, dann Lebensmittelfarbe, Vanille und Salz zugeben und alles gut mischen.

Mehl sieben, nach und nach jeweils ein Drittel des Mehls und die Hälfte der Buttermilchmischung unterrühren.

In einer kleinen Schüssel Natron und Essig verrühren. Diese sprudelnde Mischung sofort unter den Teig mengen. Auf die drei Backformen verteilen.

Im vorgeheizten Backofen etwa 30–35 Minuten backen. Die Kuchen sind fertig gebacken, wenn ein in die Mitte der Kuchen gestecktes Holzstäbchen beim Herausziehen sauber bleibt. Die Kuchen in den Formen kurz ruhen lassen, dann aus der Form lösen und auf einem Kuchengitter vollständig abkühlen lassen.

Soll die Torte höher werden, dann noch einen zusätzlichen Boden backen. Die entsprechenden Mengen lassen sich nach der Übersicht von Seite 33 einfach berechnen.

*Variation: 100 g Zucker durch 100 g hellen Kandisfarin ersetzen.*

*Rechts: Schokoladenkuchen*

# TORTENFÜLLUNGEN

# ZUCKERSIRUP

Sowohl Ganache als auch Schweizer Baiser-Buttercreme (kurz: SBBC) sind herrliche Füllungen für Torten. Durch Zugabe von Extrakten und Fruchtpürees lassen sich verschiedene Aromen zubereiten. Bei einer Torte kann für jede Schicht dieselbe Füllung verwendet werden oder es werden verschiedene Aromen kombiniert. Wenn die Creme noch entsprechend eingefärbt wird, ergibt sich beim Anschneiden ein schöner Effekt. Ein Beispiel ist die Torte von Seite 23: eine Schokoladentorte mit einer Ganache- und Minzfüllung. Oder Sie probieren die Brombeer-Rosen-Torte von Seite 86, bei der die Creme auf der Außenseite auch als Füllung in der Torte Verwendung findet.

Abgesehen von Creme oder Ganache sorgen Karamell, Konfitüre oder Lemon Curd für extra Geschmack. Aber aufgepasst bei roter Konfitüre: Sie zieht in den Boden ein. Das sieht dann beim Anschneiden nicht sehr appetitlich aus, vor allem, wenn die Torte erst am nächsten Tag serviert werden soll. Orangenmarmelade, Stachelbeer- oder Aprikosenkonfitüre sind weitaus besser geeignet. Kirschkonfitüre passt gut zu einem dunklen Kuchen wie dem Schokoladenkuchen.

Die Konfitüre sollte nicht zu süß sein. Ein Fruchtpüree mit wenig Zucker lässt sich schnell selber machen. Damit wird die Torte nicht zu süß. Einfach klein geschnittene Fruchtstücke mit wenig Zucker und etwas Zitronensaft einkochen, pürieren und eventuell durch ein Sieb streichen, um die Kerne aufzufangen. Gut abkühlen lassen.

Frische Früchte wie Erdbeeren, Himbeeren oder Blaubeeren geben der Torte einen frischen Geschmack und sehen beim Anschneiden hübsch aus. Eine Torte mit frischen Früchten möglichst erst am Vortag füllen und verzieren.

**ZUTATEN** 40 g **Zucker**, 40 ml **Wasser**, Mark von ½ **Vanilleschote**

In gleichen Mengen Zucker und Wasser zum Kochen bringen. Vanillemark zugeben, die Mischung 1 Minute kochen lassen und dann vom Herd nehmen. Den Sirup bis zur Weiterverwendung abkühlen lassen. Im Kühlschrank hält er sich bis zu 1 Woche.

Cupcakes bleiben schön saftig, wenn sie direkt nach dem Backen mit Zuckersirup bestrichen werden. Für den Sirup möglichst dasselbe Aroma wie für die Cupcakes verwenden, dann wird der Geschmack noch intensiver.

Cupcakes nach dem Backen 10 Minuten auf einem Kuchengitter abkühlen lassen und anschließend leicht mit Sirup einpinseln.

Tortenböden können vor dem Füllen ebenfalls mit Sirup bestrichen werden.

*Geschmacksvariationen: Wasser durch Zitronen- oder Orangensaft ersetzen. Eventuell 1 Spritzer Likör, z. B. Limoncello oder Kirschwasser, unterrühren.*

# LEMON CURD

# SALZBUTTER-KARAMELL

**ZUTATEN** 2 **Eier**, 2 **Eigelb**, 160 g **Zucker**, 75 g **Butter**, abgeriebene Schale von 2 und Saft von 3 **Zitronen** (125 ml)
**ARBEITSMATERIAL** sterilisierte **Marmeladengläser**

**ZUTATEN** 100 g **Zucker**, 150 ml **Sahne**,
85 g gesalzene **Butter**, 1 Msp. **Meersalz** (nach Belieben)

In einer Schüssel Eier, Eigelbe, Zucker sowie Zitronenabrieb und -saft verquirlen und über dem Wasserbad erwärmen. Die Mischung etwa 10 Minuten weiterschlagen, bis sie etwas eingedickt ist. Die Schüssel vom Wasserbad nehmen und die in Würfel geschnittene Butter unterrühren.

Die Zitronencreme noch einmal gut durchrühren und in sterilisierte Marmeladengläser füllen. Alternativ in einer kleinen Schüssel aufbewahren. Diese mit Frischhaltefolie abdecken, damit sich keine Haut bildet. Lemon Curd ist im Kühlschrank 1–2 Wochen haltbar. Die Creme lässt sich auch gut einfrieren und wird dann später im Kühlschrank aufgetaut (siehe Foto S. 12).

*Geschmacksvariationen: Die Zitronen (teilweise) durch Limetten oder Blutorangen ersetzen. Die Saftmenge bleibt unverandert.*

*Passionsfruchtcreme: Wie Lemon Curd zubereiten, dabei aber 2 Eier, 2 Eigelb, 160 g Zucker, 75 g Butter, 1 EL Zitronensaft und 150 ml Passionsfruchtpüree verwenden.*

*Wasserbad: Einen Topf mit Wasser auf den Herd stellen und das Wasser zum Kochen bringen. Eine Schüssel aufsetzen, deren Boden nicht das Wasser berühren sollte. So wird die Masse in der Schüssel langsam erhitzt, kann aber nicht klumpen oder anbrennen.*

Zucker in einem Topf ohne Rühren erhitzen. Wenn sich der Zucker aufgelöst und verfärbt hat, weiterrühren, bis er eine schöne Karamellfarbe angenommen hat. Die Sahne in einem zweiten Topf aufkochen und unter den flüssigen Zucker rühren.

Die Mischung kann schäumen und spritzen, deshalb vorsichtig arbeiten. Die Creme weiterrühren, bis sie schön glatt und glänzend ist.

Den Karamell abkühlen lassen und dann die Butter in Stücken und eventuell das Meersalz zugeben. Weiterrühren, bis die Butter vollständig untergearbeitet ist. Den Karamell im Kühlschrank aufbewahren. Vor der Weiterverarbeitung rechtzeitig herausnehmen und auf Zimmertemperatur erwärmen.

*Tipp: Dieser Karamell eignet sich gut als Füllung für eine Schokoladen- oder Vanilletorte. Nur wenig Karamell verwenden, denn zusammen mit Ganache oder Baiser-Buttercreme ist schon eine kleine Menge ausreichend. Eventuell den Karamell unter die Baiser-Buttercreme rühren. Diese wird dadurch noch intensiver in Farbe und Geschmack.*

*Geschmacksvariation: Die Sahne mit 2 EL Lavendelblüten aromatisieren. Danach die Sahne durch ein Sieb in den Zucker gießen.*

# GANACHE

**ZUTATEN** 200 g **dunkle Schokolade** (mind.
55–70 % Kakaoanteil), 200 ml **Sahne**.
Oder: 300 g **weiße Schokolade,** 150 ml **Sahne**

Die Schokolade klein hacken. Die Sahne bei geringer Hitze
erwärmen, bis sie gerade anfängt zu kochen. Die heiße Sahne
über die Schokolade gießen und die Mischung 1 Minute
stehen lassen. Dann zu einer glatten Masse verrühren.

  Die Ganache auf Zimmertemperatur bringen, am besten
geschieht das über Nacht, vor allem bei der weißen Schokoladen-Ganache.

Zum Überziehen einer Torte von 15 cm Durchmesser reicht
die halbe Rezeptmenge. Wird die Ganache auch als Füllung
zwischen den Böden verwendet, die ganze Menge zubereiten.

Die Ganache eignet sich auch als Glasur. Cupcakes können
einfach in die noch flüssige Ganache getaucht werden.

*Geschmacksvariationen: Die dunkle Ganache mit einigen
Tropfen Minzextrakt oder die weiße Ganache mit einigen Tropfen
Rosen- oder Orangenblütenextrakt aromatisieren. Durch 2 EL Hasel-
nusscreme bekommt die dunkle Ganache ein feines Haselnussaroma.
Eventuell 25 ml Sahne durch 25 ml Espresso ersetzen.*

*Die Ganache eignet sich hervorragend, um eine Torte glatt oder
mit einer leichten Reliefstruktur zu überziehen. Auch als Tortenfüllung ist sie köstlich, dabei die Schicht allerdings nicht zu dick
aufstreichen.*

# SCHOKOLADENCREME

**ZUTATEN** 200 g **dunkle Schokolade** (mind. 55–70 %
Kakaoanteil), 300 g weiche **Butter**, 150 g **Puderzucker**, 80 g **Kakaopulver**, 4 EL **Sahne** oder **Milch**,
½ TL **Vanilleextrakt**
**ARBEITSMATERIAL Schüssel, Handrührgerät**

Schokolade über dem Wasserbad schmelzen und abkühlen
lassen. Butter hell und schaumig schlagen.

  Puderzucker und Kakao langsam zugeben und alles zu
einer glatten Masse verarbeiten. Die abgekühlte Schokolade
sowie Sahne oder Milch und Vanille untermischen. Alle
Zutaten zu einer glatten luftigen Creme rühren.

Die Menge reicht aus, um eine hohe runde Torte von 15 cm
Durchmesser zu überziehen und eine Federstruktur aufzu-
tragen. Bekommt die Torte lediglich einen glatten Überzug,
bleibt noch Creme für eine dünne Füllung zwischen den
Kuchenschichten übrig.

  Diese Schokoladencreme ist schön dunkel. Sie kann wun-
derbar als Verzierung für Cupcakes und als Überzug für
Torten verwendet werden. Es lassen sich aber auch gut
Muster damit aufspritzen (siehe Torte S. 137).

  Die Creme wird ziemlich fest. Eventuell noch zusätzlich
2–3 EL Milch oder Sahne unterrühren und die Torte möglichst bei Zimmertemperatur servieren.

*Geschmacksvariation: 3 EL Sahne oder Milch durch die gleiche
Menge Espresso oder Likör ersetzen.*

*Mit dieser Schokoladencreme lassen sich stärkere Reliefstruktu-
ren arbeiten oder Muster aufspritzen.*

*Schokoladentorte mit einer Füllung*
*aus dunkler Schokoladen-Ganache und Minz-SBBC*

# FRISCHKÄSECREME

# SCHWEIZER BAISER

**ZUTATEN** 400 g **Doppelrahmfrischkäse** (z. B. Monchou oder Philadelphia), 50 g **Butter**, 150 g **Puderzucker**, 1 Msp. **Salz**, 1 TL **Vanilleextrakt**, 2 EL **Zitronensaft** **ARBEITSMATERIAL** große **Rührschüssel**, **Handrührgerät**

**ZUTATEN** 5 **Eiweiß** (insgesamt 150 g), 250 g feiner **Kristallzucker**, 1 Msp. **Salz** , 2 EL heller **Vanilleextrakt** **ARBEITSMATERIAL Topf**, große **Rührschüssel** (aus Edelstahl), **Schneebesen**, **Handrührgerät**, **Kochthermometer**

Frischkäse und Butter sollten möglichst Zimmertemperatur haben. Beide Zutaten in eine Schüssel geben, Puderzucker darübersieben und alles in 5–7 Minuten mit dem Handrührgerät auf mittlerer Stufe zu einer glatten und luftigen Creme verarbeiten. Salz, Vanille und Zitronensaft zugeben und nochmals alles gut verrühren. Wenn die Creme zu weich zur Weiterverarbeitung sein sollte, kurz in den Kühlschrank stellen. Torten mit dieser Creme immer im Kühlschrank aufbewahren und erst kurz vor dem Servieren auf Zimmertemperatur erwärmen.

Die Frischkäsecreme hält sich 3 Tage im Kühlschrank. Vor der Weiterverwendung einmal kurz durchrühren.

*Die Frischkäsecreme passt gut zum Red-Velvet-Cake, doch sie verleiht auch anderen Kuchen einen frischen Geschmack. Da sie geschmacklich intensiver und weniger locker als die SBBC ist, beim Verzieren möglichst ein Muster mit wenig Creme wählen. Auch zum Aufspritzen ist die Creme nicht gut geeignet. Also am besten keine Rosen- oder Federstrukturen damit auftragen, sondern die Creme besser für eine Stuck-, Löffel- oder Streifenstruktur verwenden.*

*Variation:* Für eine leichte Frischkäsecreme 250 ml Sahne steif schlagen und 250 g cremig gerührten Mascarpone, 50 g gesiebten Puderzucker und 1 EL Vanilleextrakt untermischen.

Im Eiweiß sollten sich keine Eigelbreste befinden und die Schüssel muss unbedingt ganz sauber sein. Eventuell die Schüssel vorher mit Zitronensaft und Küchenpapier ausreiben, damit sie völlig fettfrei ist.

Einen Topf, der so klein ist, dass die Schüssel beim Aufsetzen nicht den Topfboden berührt, mit Wasser füllen und dieses zum Kochen bringen. Eiweiße und Zucker in die Schüssel geben. Die Schüssel auf den Topf stellen. Mit dem Schneebesen den Schüsselinhalt schlagen, bis die Masse eine Temperatur von 67 °C erreicht hat. Die Temperatur mit einem Kochthermometer kontrollieren. Auf jeden Fall sollte sich der Zucker vollständig aufgelöst haben und die Eiweiße sollten heiß sein.

Die Schüssel vom Topf nehmen und die Eiweiße mit dem Handrührgerät auf höchster Stufe zu einem dickglänzenden Eischnee mit festen Spitzen schlagen, bis die Schüssel nicht mehr warm ist. Das kann etwa 10 Minuten dauern. Nun Salz und Vanille untermischen. Die Baisermasse sofort weiterverarbeiten.

*Das Baiser eignet sich als Überzug für Torten. Da das Eiweiß erhitzt wurde, kann es bedenkenlos ungebacken verzehrt werden. Das helle Baiser schön pastellig einfärben. Auch verschiedene Aromen können hinzugegeben werden. Da die Basis geschmacksneutral ist, reicht hierzu schon eine kleine Menge Extrakt.*

# SCHWEIZER BAISER-BUTTERCREME (SBBC)

**ZUTATEN** 5 **Eiweiß** (insgesamt 150 g), 250 g feiner **Kristallzucker**, 2 TL **Vanilleextrakt**, 1 Msp. **Salz**, 325 g weiche **Butter**, gewürfelt
**ARBEITSMATERIAL Topf**, große **Rührschüssel** (aus Edelstahl), **Schneebesen**, **Handrührgerät**, **Kochthermometer**

Nach dem Rezept für Schweizer Baiser arbeiten, doch Vanille und Salz noch nicht zugeben. Unter ständigem Schlagen die weichen Butterwürfel nacheinander unter das Baiser rühren, bis eine samtweiche Creme entstanden ist. Nun erst Vanille und Salz untermischen. Die SBBC mit dem Handrührgerät auf niedrigster Stufe weitere 10 Minuten schlagen, bis sich mögliche Luftbläschen aufgelöst haben.

Die Masse kann nach dem Zugeben der Butter einer dicken, geflockten Suppe ähneln. Dann war die Butter oder das Baiser zu warm. Meist reicht es schon aus, noch einige Minuten weiterzuschlagen. Eventuell die Schüssel kurz in den Kühlschrank stellen und die Creme anschließend weiterschlagen.

Wenn die Masse zu bröselig wird, dann war die Butter zu kalt. Auch hier gilt: Einfach weiterschlagen. Oder etwas Creme aus der Schüssel nehmen, diese kurz in der Mikrowelle erwärmen und dann zurück zur restlichen Masse geben.

Bei der Verarbeitung der Creme kann es passieren, dass sie wieder steif wird. Auch dann einfach einen Teil kurz erwärmen und anschließend wieder unter die restliche Creme mischen. Vor allem zum Überziehen von Torten und für bestimmte Techniken wie die Kammtechnik sollte die Creme möglichst weich sein.

Die Menge reicht zum Überziehen und Füllen von zwei Torten von 15 cm Durchmesser mit einer glatten Struktur. Bei Rosen- oder Federstruktur reicht die Menge für eine Torte.

*Tipp: Die SBBC lässt sich gut mit einem Handrührgerät oder mit einer Küchenmaschine zubereiten. Die Eiweiße mit dem Quirl zu steifen Spitzen schlagen. Dann den Quirl durch Rührhaken ersetzen und die Butter zugeben.*

*Die Creme kann wunderbar mit Zuckerpaste, etwa von Americolor, Ateco oder Sugarflair, eingefärbt werden. Da die Creme durch die Butter blassgelb ist, bekommen Blau und Rosa immer einen hellen Schimmer. Die Creme kann auch zuerst mit „Superwhite Icing Whitener" von Sugarflair oder „EU Icing Color – White White" von Wilton weiß eingefärbt werden. Wenn die Creme einen blassen Ton bekommen soll, dann möglichst helles Vanilleextrakt verwenden.*

*Aufbewahrung: Eine mit Baiser überzogene Torte hält sich 2–3 Tage außerhalb des Kühlschranks an einem kühlen Ort. Die SBBC kann in einem luftdicht verschlossenen Gefäß 1 Woche im Kühlschrank und 1–2 Monate im Tiefkühlschrank aufbewahrt werden. Vor Verwendung auf Zimmertemperatur erwärmen und etwa 5 Minuten auf niedriger Stufe mit dem Rührhaken aufschlagen.*

*Geschmacksvariationen: Schokoladen-SBBC: Zusätzlich 200 g geschmolzene und wieder abgekühlte dunkle Schokolade (mind. 70 % Kakaoanteil) und 2 EL Kakaopulver untermischen. Weiße Schokoladen-SBBC: Zusätzlich 200 g geschmolzene und wieder abgekühlte weiße Schokolade zugeben. Früchte-SBBC: Für eine natürliche Farbe (und einen natürlichen Geschmack) Himbeer- oder anderes Fruchtpüree durch ein Sieb streichen und nach Belieben untermischen (max. 100 ml). Minz-SBBC: Minzextrakt passt gut zu dieser Creme, wenn sie für einen Schokoladenkuchen verwendet wird. Dazu 1 TL Extrakt untermischen (und etwas grüne Lebensmittelfarbe). Matcha-SBBC: 1 EL Matchapulver zufügen. Espresso-Schoko-SBBC: 1 EL Espressopulver zugeben, das mit 1 EL kochendem Wasser und 1 EL Kakaopulver verdünnt wurde.*

# FÜLLEN UND ÜBERZIEHEN EINER SCHICHTTORTE

Damit die Torte wirklich professionell aussieht, ist es wichtig, dass die Kuchenböden die gleiche Höhe haben und die Schichten exakt übereinandergesetzt werden. Bevor die Torte mit der letzten Dekorationsschicht überzogen wird, erhält sie noch einen Grundüberzug (crumbcoat). So wird sie von Krümeln gesäubert und bekommt eine schöne feste Form. Dieser Grundüberzug ist sehr dünn und lässt den Kuchen noch durchscheinen.

Die Kuchenböden an der Oberseite glatt schneiden und eventuell noch einmal mit einem Tortenschneider durchschneiden.

Ein feuchtes Stück Küchenpapier oder eine rutschfeste Unterlage auf einen (drehbaren) Tortenteller legen. Darauf kommt die Tortenpappe, die mit wenig Creme bestrichen wird. Den ersten Kuchenboden mit der nicht geschnittenen Seite nach unten auflegen.

Darauf etwa 3 EL Creme mit dem Palettenmesser glatt verstreichen. Den zweiten Boden auflegen, wieder etwas Creme darauf verstreichen und bis zum letzten Boden so weiterverfahren. Diesen mit der nicht geschnittenen Seite nach oben auflegen. Die Torte im Kühlschrank kurz fest werden lassen.

Anschließend 3 EL Creme auf der Oberseite der Torte verteilen und mit dem Palettenmesser glatt verstreichen. Die Creme kann über den Tortenrand verstrichen werden. Nun nach und nach mit dem Palettenmesser immer wieder etwas Creme aus der Schüssel nehmen und den Seitenrand damit überziehen. Die Creme großzügig auftragen und überschüssige Creme beim Glätten wieder abnehmen.

Mit einem Seitenglätter am Tortenrand entlangfahren und dabei die Torte auf dem Teller drehen. Mehrmals wiederholen, bis die Seiten auch wirklich glatt sind. Zum Schluss die überschüssige Creme von der Oberseite abnehmen. Dazu das Palettenmesser in Höhe der Tortenoberseite ansetzen und die überschüssige Creme von der Mitte aus abstreichen. Die Torte zum Festwerden kurz in den Kühlschrank stellen. Die glatte Grundtorte kann nun weiter verziert werden.

In den Rezepten zu den „Torteninspirationen" haben die Torten bereits eine Füllung nach Wahl (falls nicht anders angegeben). Die Dekoration wird für jede Torte einzeln beschrieben.

Bei den Torten können Überzug und Füllung identisch sein, doch dies ist nicht zwingend nötig. So kann für Schokoladenböden eine Schokoladen-Ganache als Füllung und eine Minz-SBBC als Überzug gewählt werden. Die einzelnen Schichten einer Torte lassen sich auch mit unterschiedlichen Cremes bestreichen. Nüsse, Konfitüre, Lemon Curd oder frisches Obst eignen sich ebenfalls gut.

Ab Seite 20 finden sich Vorschläge und Rezepte für Füllungen. Möglichst Aromen wählen, die gut harmonieren (mehr Geschmacksvorschläge auf Seite 35).

*Tipp: Wenn die Torte nicht auf einer Styroporunterlage serviert werden soll, kann sie zum Dekorieren direkt auf eine Tortenplatte platziert werden. Dabei darauf achten, dass die Platte einen glatten Rand hat, sonst gestaltet sich die Bearbeitung der Seiten mit dem Seitenglätter etwas schwierig.*

# ZUSAMMENSETZEN EINER SCHACHBRETTTORTE

**ZUTATEN** 2 runde **Biskuitböden**, jeweils zubereitet aus ½ Rezeptmenge **Biskuit**, **Creme** passend zum Aroma der Böden

**ARBEITSMATERIAL** 2 **Ausstechformen** von 5 cm und 10 cm Durchmesser oder ein Stück **Pappe** in den entsprechenden Maßen, ein scharfes **Messer**

Das Schachbrettmuster im Innern der Torte sorgt beim Anschneiden für einen Überraschungseffekt. Vor allem bei einer einfachen Torte sieht das hübsch aus. Es werden hierzu Kuchen in zwei verschiedenen Farben benötigt; beispielsweise Vanillebiskuit und Schokoladenkuchen oder Vanille- und Rosenbiskuit. Der Farbunterschied sollte möglichst groß sein.

Zwei unterschiedliche Kuchenrezepte wählen. Für jeden Geschmack jeweils die Hälfte der jeweiligen Rezeptmenge für eine 10 cm hohe Torte verwenden und beide Teigsorten jeweils in einer Backform von 15 cm Durchmesser backen. Etwa 5–10 Minuten länger backen, als im Rezept angegeben.

Die beiden Kuchen, in Frischhaltefolie gewickelt, am besten über Nacht im Kühlschrank ruhen lassen. So bleiben die Böden frisch und lassen sich besser schneiden.

Die Kuchen, falls nötig, an der Oberseite glatt schneiden. Dann jeden Kuchen einmal durchschneiden, sodass vier gleich hohe Böden entstehen. Bei jedem Boden aus der Mitte einen 10 cm großen Kreis ausstechen, und daraus nochmals einen 5 cm breiten Kreis ausstechen. Dann die ausgestochenen Kreise im farblichen Wechsel wieder zusammensetzen. Einen zusammengesetzten Boden auf eine Tortenplatte legen, mit einer dünnen Schicht Creme bestreichen und dann einen zweiten Boden auflegen. Dieser sollte genau gegengleich zusammengesetzt sein. Mit den übrigen Böden genauso verfahren.

Die Torte mit einer dünnen Cremeschicht überziehen. Zum Festwerden in den Kühlschrank stellen. Die Torte nach Belieben dekorieren.

*Tipp: Falls keine Ausstechkreise in den benötigten Größen vorhanden sind, einfach aus Karton Kreis-Schablonen anfertigen, auf die Böden legen und mit dem Messer entlang der Schablonen ausschneiden.*

# QUADRATISCHE GÄSTETORTE

Eine quadratische Torte hat mehrere Vorteile. Sie ist einfach zuzubereiten, lässt sich bequem in einer Pappschachtel transportieren und ist gut zu portionieren.

Die Gästetorte sollte die Dekoration der großen Torte aufnehmen, sodass beide eine Einheit bilden. Die Torten können größtenteils schon im Voraus zubereitet werden. Nach dem Backen halten sich die Biskuitböden bis zu 2 Monate im Tiefkühlfach.

Bei den Rezepten am besten an den Mengenangaben für eine runde Torte von 15 cm Durchmesser und 10 cm Höhe orientieren. Durch die quadratische Form wird die Torte nicht ganz so hoch, wahrscheinlich nur 7,5 cm, sodass daraus 16 schöne Stücke geschnitten werden können.

Den Teig auf zwei Backformen verteilen, damit der Kuchen möglichst luftig bleibt. Die Oberseite eventuell noch glatt schneiden. Zwei Lagen sind ausreichend. Eventuell diese nochmals durchschneiden, sodass vier Lagen entstehen (siehe Beispiel auf Seite 200).

Die Gesamthöhe sollte möglichst 7,5 cm nicht überschreiten. Denselben Geschmack und Überzug wie für die Haupttorte wählen. Oder Sie wählen unterschiedliche Geschmackskombinationen, wenn Sie die Torte auf einem Büfett präsentieren. Dann können die Gäste selbst wählen. Stellen Sie ein Schild dazu, auf dem die Geschmacksrichtung notiert ist.

*Auf Seite 201 sind verschiedene Beispiele von Gästetorten abgebildet, die zu den Torteninspirationen passen.*

*Red-Velvet-Cake mit Frischkäsecreme*

# BENÖTIGTE MENGEN PRO TORTE

| Vanillebiskuit | ⌀ 15 cm, 7 cm H | ⌀ 15 cm, 10 cm H | ⌀ 15 cm, 14 cm H |
|---|---|---|---|
| Mehl | 150 g | 225 g | 300 g |
| Butter | 150 g | 225 g | 300 g |
| Backpulver | 10 g | 15 g | 20 g |
| Kristallzucker | 165 g | 250 g | 330 g |
| Eier | 3 | 4 | 6 |
| Milch | 80 ml | 120 ml | 160 ml |
| Vanilleextrakt | 1½ TL | 2 TL | 2½ TL |
| Salz | 1 Msp. | ¼ TL | ¼ TL |
| Zahl d. Backformen/Schichten | 2 | 3 | 4 |
| Temperatur | 160 ºC/180 ºC | 160 ºC/180 ºC | 160 ºC/180 ºC |
| Backzeit | 30 min | 30 min | 30 min |

| Helles Biskuit | ⌀ 15 cm, 7 cm H | ⌀ 15 cm, 10 cm H | ⌀ 15 cm, 14 cm H |
|---|---|---|---|
| Mehl | 160 g | 240 g | 320 g |
| Speisestärke | 25 g | 35 g | 45 g |
| Zucker | 200 g | 300 g | 400 g |
| Backpulver | 10 g | 15 g | 20 g |
| Salz | ¼ TL | ½ TL | ¾ TL |
| Butter | 115 g | 170 g | 225 g |
| Eiweiß | 2½ | 4 | 5 |
| Eier | 1½ | 1 | 1 ½ |
| Naturjoghurt | 160 g | 240 g | 320 g |
| Vanilleextrakt | ½ TL | 2 TL | 2½ Tl |
| Zahl d. Backformen/Schichten | 2 | 3 | 4 |
| Temperatur | 160 ºC/180 ºC | 160 ºC/180 ºC | 160 ºC/180 ºC |
| Backzeit | 30 min | 30 min | 30 min |

Das Rezept für eine 14 cm hohe Torte lässt sich auch in zwei Backformen backen. Die Torte wird dann nicht ganz so hoch. Die Torte etwa 10 Minuten länger backen. Nach dem Backen die zwei Kuchenböden für eine vierschichtige Torte jeweils einmal durchschneiden. Für die quadratische Gästetorte die Menge für eine 10 cm hohe Torte verwenden. Die angegebene Temperatur ist für einen Umluft-Backofen (160 °C) bzw. einen Backofen mit Unter-/Oberhitze (180 °C) berechnet.

| Schokoladenkuchen | ⌀ 15 cm, 7 cm H | ⌀ 15 cm, 10 cm H | ⌀ 15 cm, 14 cm H |
|---|---|---|---|
| Butter | 65 g | 100 g | 130 g |
| dunkle Schokolade | 80 g | 120 g | 160 g |
| kochendes Wasser | 130 ml | 200 ml | 265 ml |
| Kakaopulver | 20 g | 30 g | 40 g |
| Buttermilch | 100 ml | 150 ml | 200 ml |
| Mehl | 165 g | 250 g | 330 g |
| Natron | 1 TL | 1½ TL | 2 TL |
| Salz | 1 Msp. | ¼ TL | ¼ TL |
| Eier | 2 | 3 | 4 |
| hellbrauner Zucker | 215 g | 325 g | 430 g |
| Vanilleextrakt | 1½ TL | 2 TL | 2½ TL |
| Zahl d. Backformen/Schichten | 2 | 3 | 4 |
| Temperatur | 160 °C/180 °C | 160 °C/180 °C | 160 °C/180 °C |
| Backzeit | 30 min | 30 min | 30 min |

| Red-Velvet-Cake | | | |
|---|---|---|---|
| Butter | 75 g | 115 g | 150 g |
| Zucker | 200 g | 300 g | 400 g |
| Eier | 1½ | 2 | 2½ |
| flüssige rote Lebensmittelfarbe | ¾ EL | 1 EL | 1¼ EL |
| Vanilleextrakt | 1 TL | 1½ TL | 2 TL |
| Salz | 1 Msp. | ¼ TL | ¼ TL |
| Mehl | 185 g | 275 g | 360 g |
| Kakaopulver | 15 g | 20 g | 25 g |
| Buttermilch | 130 ml | 200 ml | 260 ml |
| kochendes Wasser | 1½ EL | 2 EL | 3 EL |
| Natron | ¾ TL | 1 TL | 1¼ TL |
| Weißweinessig | 1½ TL | 2 TL | 2½ TL |
| Zahl d. Backformen/Schichten | 2 | 3 | 4 |
| Temperatur | 160 °C/180 °C | 160 °C/180 °C | 160 °C/180 °C |
| Backzeit | 30 min | 30 min | 30 min |

*Helles Biskuit, Vanille-SBBC, Lemon Curd und frische Früchte*

# GESCHMACKSKOMBINATIONEN

Die Kuchenrezepte eignen sich für alle Schichttorten. In Kombination mit Ganache oder Creme lassen sich daraus nach Belieben unterschiedliche Torten zubereiten.

Für Kuchenboden, Zuckersirup (nicht notwendig, sorgt aber für zusätzlichen Geschmack), Tortenfüllung und Creme an der Außenseite können individuelle Aromen gewählt

werden. Der äußere Überzug hat allerdings Einfluss auf die Textur der Torte: So ist eine Frischkäsecreme beispielsweise ideal für eine Löffel- oder Kammstruktur. Für eine Feder- oder Rosenstruktur braucht es allerdings eine feste Creme wie die SBBC. Mit einer Ganache lässt sich gut ein glatter Überzug arbeiten, etwa eine Stuckstruktur.

| Kuchen | Sirup | Füllung | Überzug |
|---|---|---|---|
| Vanillebiskuit | Vanille | SBBC Vanille mit Himbeerpüree | Frischkäsecreme |
| Vanillebiskuit | Vanille | SBBC Vanille-Matcha | Baiser (überflammt) |
| helles Biskuit | Vanille | SBBC Vanille und frische Früchte (Erdbeeren o. Himbeeren) | SBBC Vanille mit Fruchtpüree |
| helles Biskuit | Vanille | SBBC Vanille und eine Schicht Passionsfruchtcreme | Baiser |
| Zitronenbiskuit | Vanille mit Limoncello | SBBC Vanille und Lemon Curd | SBBC Vanille |
| Zitronenbiskuit | Vanille mit Zitrone | weiße Schokoladen-Ganache | Baiser |
| Mohn-Orangen-Biskuit | Orange | SBBC Vanille und Orangenkonfitüre | SBBC Vanille |
| Mohn-Orangen-Biskuit | Orange | Frischkäsecreme | Frischkäsecreme |
| Mohn-Orangen-Biskuit | Orange | Salzbutter-Karamell und gehackte Walnüsse | Baiser (überflammt) |
| Rosenbiskuit | Vanille | SBBC Vanille | SBBC Vanille |
| Rosenbiskuit | Vanille | SBBC Vanille und Himbeerpüree | weiße Schokoladen-Ganache |
| 2 Schichten Rosenbiskuit + 1 Schicht Exotisches Biskuit | Vanille | SBBC Vanille, Himbeeren und gehackte Pistazien | Baiser |
| 2 Schichten Rosenbiskuit + 1 Schicht Exotisches Biskuit | Vanille | SBBC Vanille und 1 Schicht gezuckerte Kokosraspel | weiße Schokoladen-Ganache |
| Kokosbiskuit | Vanille | SBBC Vanille mit Mangopüree | Frischkäsecreme |
| Kokosbiskuit | Vanille | SBBC Zitrone und 1 Schicht Lemon Curd | Baiser |
| Kokosbiskuit | Vanille | SBBC Vanille und 1 Schicht Passionsfruchtcreme | SBBC Vanille + Kokosraspel |
| Schokoladenkuchen | Vanille | SBBC Minze und Schokoladen-Ganache | Schokoladen-Ganache |
| Schokoladenkuchen | Vanille mit Kirschwasser | SBBC Vanille und 1 Schicht Kirschkonfitüre | Schokoladencreme |
| Schokoladenkuchen | Vanille | Schokoladen-Ganache und entsteinte frische Kirschen | Baiser (überflammt) |
| Schokoladenkuchen | Vanille | SBBC Vanille und Salzbutter-Karamell | Schokoladen-Ganache |
| Red-Velvet-Cake | Vanille | Frischkäsecreme | Frischkäsecreme |
| Red-Velvet-Cake | Vanille | SBBC Vanille und 1 Schicht gezuckerte Kokosraspel | SBBC Vanille + Kokosraspel |
| Red-Velvet-Cake | Vanille | Frischkäsecreme und frische Waldfrüchte | weiße Schokoladen-Ganache |

# VANILLE-CUPCAKES + VARIATIONEN

**ZUTATEN** 125 g **Butter**, 225 feiner **Kristallzucker**, 3 **Eier**, 1 ½ TL **Vanilleextrakt**, 1 Prise **Salz**, 275 g **Mehl**, ½ Päckchen **Backpulver**, 125 ml **Milch**
**ARBEITSMATERIAL Muffinblech**, 15 **Cupcake-Papierförmchen** von 38 mm Höhe

*Für ca. 15 Cupcakes*
Den Backofen auf 180 °C (160 °C Umluft) vorheizen. Butter und Zucker schaumig schlagen. Die Eier einzeln nach und nach gründlich unterrühren. Vanille und Salz zufügen. Mehl und Backpulver sieben und abwechselnd mit der Milch esslöffelweise mit einem Handrührgerät auf niedriger Stufe unter den Teig mischen. Dabei immer auch die Teigreste vom Rand abkratzen und zum Teig geben. Nur so lange rühren, bis alles gerade eben vermengt ist. Die Förmchen zu zwei Drittel oder, für besonders hohe Cupcakes, zu drei Viertel mit Teig füllen.

Die Cupcakes etwa 20–25 Minuten im vorgeheizten Backofen backen. Nach 20 Minuten die Garprobe machen: Ein Holzstäbchen in einen Cupcake stechen. Beim Herausziehen sollte kein Teig daran kleben bleiben. Oder leicht auf einen Cupcake drücken: Wenn die Oberseite nachgibt und zurückspringt, ist er fertig gebacken. Nicht zu lange backen, sonst werden die Cupcakes zu trocken. Nach dem Backen kurz auf einem Kuchengitter abkühlen lassen. Eventuell nach 10 Minuten mit etwas Zuckersirup einpinseln.

*Geschmacksvariationen: Schön frisch werden die Cupcakes, wenn die Milch durch dieselbe Menge Crème fraîche oder Naturjoghurt ersetzt wird. Der Zucker kann (teilweise) auch durch Kandisfarin ersetzt werden. Dann bleiben die Cupcakes länger saftig.*
*Zitronen-Cupcakes: Zusätzlich die abgeriebene Schale von 2 unbehandelten Zitronen und den Saft von 1 Zitrone zufügen; Rosen-Cupcakes: Etwas rote Lebensmittelfarbe unter den Teig mischen und zusätzlich ½ TL Rosenextrakt zufügen; Mohn-Orangen-Cupcakes: Die abgeriebene Schale von 2 unbehandelten Orangen und 50 g Mohnsamen zufügen; Kokos-Cupcakes: Die Milch durch Kokosmilch ersetzen und zusätzlich 50 g Kokosraspel untermischen; Exotische Cupcakes: Noch 2 TL gemahlenen Kardamom untermischen.*

*Tipp: Möglichst die Teigmenge pro Förmchen und die Backzeit notieren. Wenn die Cupcakes gut gelingen, kann beim nächsten Mal wieder dieselbe Zutatenmenge verwendet werden.*

## SCHOKO-CUPCAKES

**ZUTATEN** 240 g **Butter**, 285 g **Kristallzucker**, 4 **Eier**, ¼ TL **Salz**, 1 TL **Vanilleextrakt**, 125 g **Mehl**, 1 gestr. TL **Backpulver**, 125 g **Kakaopulver**, 175 g **Crème fraîche**
**ARBEITSMATERIAL Muffinbackblech**, 18 **Cupcake-Papierförmchen** von 38 mm Höhe

*Für ca. 18 Cupcakes*
Den Backofen auf 180 °C (160 °C Umluft) vorheizen. Butter und Zucker schaumig schlagen. Die Eier einzeln nach und nach gut unterrühren. Salz und Vanille zufügen. Mehl und Backpulver sieben und das Kakaopulver untermischen. Mit der Crème fraîche unter die Butter-Zucker-Mischung rühren. Nur so lange mischen, bis alles gerade eben vermengt ist. Die Förmchen zu zwei Drittel oder, für besonders hohe Cupcakes, zu drei Viertel mit Teig füllen.

Die Cupcakes etwa 20–25 Minuten im vorgeheizten Backofen backen. Nach 20 Minuten die Garprobe machen: Ein Holzstäbchen in einen Cupcake stechen. Beim Herausziehen sollte kein Teig daran kleben. Oder leicht auf einen Cupcake drücken: Wenn die Oberseite nachgibt und zurückspringt, ist er fertig gebacken. Nicht zu lange backen, sonst werden die Cupcakes zu trocken. Nach dem Backen kurz auf einem Kuchengitter abkühlen lassen. Eventuell nach 10 Minuten mit etwas Zuckersirup einpinseln.

*Variation: Crème fraîche durch die gleiche Menge Naturjoghurt ersetzen. Der Zucker kann (teilweise) auch durch Kandisfarin ersetzt werden.*

## RED-VELVET-CUPCAKES

**ZUTATEN** 20 g **Kakaopulver**, 3 EL kochendes **Wasser**, 200 ml **Buttermilch**, 125 g **Butter**, 300 g **Kristallzucker**, 2 **Eier**, 1 EL flüssige rote **Lebensmittelfarbe**, 1 TL **Vanilleextrakt**, ¼ TL **Salz**, 280 g **Mehl**, ½ TL **Natron**, 2 TL **Weißweinessig**
**ARBEITSMATERIAL Muffinbackblech**, 18 **Cupcake-Papierförmchen** von 38 mm Höhe

*Für ca. 18 Cupcakes*
Den Backofen auf 180 °C (160 °C Umluft) vorheizen. Kakaopulver gründlich mit kochendem Wasser verrühren und die Mischung zur Buttermilch geben.

Butter und Zucker schaumig schlagen. Die Eier einzeln nach und nach gut unterrühren. Lebensmittelfarbe, Vanille und Salz zufügen. Mehl sieben und abwechselnd jeweils ein Drittel Mehl und die Hälfte der Buttermilchmischung zufügen. Natron und Weißweinessig in einer kleinen Schüssel verrühren. Die Mischung wird sprudeln. Sofort unter den Teig mengen. Die Förmchen zu zwei Drittel oder, für besonders hohe Cupcakes, zu drei Viertel mit Teig füllen.

Die Cupcakes etwa 20–25 Minuten im vorgeheizten Backofen backen. Nach 20 Minuten die Garprobe machen: Ein Holzstäbchen in einen Cupcake stechen. Beim Herausziehen sollte kein Teig daran kleben. Oder leicht auf einen Cupcake drücken: Wenn die Oberseite nachgibt und zurückspringt, ist er fertig gebacken. Nicht zu lange backen, sonst werden die Cupcakes zu trocken. Nach dem Backen kurz auf einem Kuchengitter abkühlen lassen. Eventuell nach 10 Minuten mit etwas Zuckersirup einpinseln.

*Variation: Den Zucker durch die gleiche Menge Kandisfarin ersetzen.*

# DEKORIEREN VON CUPCAKES UND GESCHMACKSKOMBINATIONEN

Es gibt verschiedene Möglichkeiten, Cupcakes hübsch zu dekorieren: Sie können ein Häubchen aus SBBC, Baiser oder luftig geschlagener Ganache bekommen. Das Topping kann mit Stern- oder Lochtülle aufgespritzt werden, je nachdem, welchen Effekt Sie erzielen wollen. Die Creme können Sie auch mit einem Palettenmesser auftragen und locker verstreichen.

Vor dem Überziehen mit der Creme können Sie den Cupcake noch durch eine Füllung zusätzlich aromatisieren. Mit einem spitzen Messer oder einem Apfelausstecher einfach ein Stück Cupcake herauslösen und das Loch mit Fruchtkompott, Karamell, Lemon Curd oder Ganache füllen.

| Cupcake | Füllung | Dekoration |
|---|---|---|
| Vanillebiskuit | Lemon Curd | SBBC Vanille |
| Vanillebiskuit | Passionsfruchtcreme | Baiser |
| Vanillebiskuit | frische Früchte (Himberen, Erdbeeren, Heidelbeeren) | weiße Schokoladen-Ganache |
| Zitronenbiskuit | Lemon Curd | Baiser (überflammt) |
| Mohn-Orangen-Biskuit | Salzbutter-Karamell und gehackte Walnüsse | SBBC Vanille |
| Mohn-Orangen-Biskuit | Orangenmarmelade | SBBC Vanille |
| Rosenbiskuit | Himbeerkonfitüre oder frische Himbeeren | SBBC Vanille |
| Kokosbiskuit | Mangokonfitüre | SBBC Vanille mit Kokosraspel |
| Kokosbiskuit | Passionsfruchtcreme | Baiser |
| Exotisches Biskuit | Himbeeren und gehackte Pistazienkerne | Baiser (überflammt) |
| Schokoladenkuchen | Schokoladen-Ganache | Baiser (überflammt) |
| Schokoladenkuchen | Salzbutter-Karamell | SBBC Vanille mit Karamell |
| Schokoladenkuchen | Weichsel- oder Kirschmarmelade | Schokoladencreme |
| Red-Velvet-Cake | weiße Schokoladen-Ganache | Frischkäsecreme |
| Red-Velvet-Cake | frische Heidelbeeren | SBBC Vanille und Kokosraspel |

# CAKEPOPS

**ZUTATEN** 50 g **Butter**, 150 g feiner **Kristallzucker**, 2 **Eier**, 1 TL **Vanilleextrakt**, ½ TL **Salz**, 150 g **Mehl**, 1 ½ TL **Backpulver**, 50 g **Doppelrahmfrischkäse** (z. B. Monchou oder Philadelphia), 75 g **Puderzucker**, ca. 350 g **Glasurlinsen** (Candymelts) oder 40 g **Schokolade** (weiß oder dunkel), **Butter** für die Form
**ARBEITSMATERIAL Backform** von 20 cm Durchmesser, **Schüssel** zum Schmelzen der Glasurlinsen und Eintauchen der Pops, **Holzstäbchen**, **Styroporblock**, **Zuckerstreusel** (nach Belieben)

*Für ca. 25 Cakepops*

Den Backofen auf 180 °C (160 °C Umluft) vorheizen. Butter und Zucker schaumig schlagen. Eier, Vanille und Salz zufügen und alles gut vermischen. Mehl und Backpulver unterheben. Den Teig in die gefettete Backform füllen und im vorgeheizten Backofen in etwa 40 Minuten goldbraun backen. Zur Kontrolle ein Holzstäbchen hineinstechen. Beim Herausziehen sollte kein Teig daran kleben bleiben. Nach dem Backen möglichst über Nacht abkühlen lassen (den abgekühlten Kuchen in Frischhaltefolie wickeln).

Den Kuchen mit der Hand oder einer Küchenmaschine zerbröseln. Den Doppelrahmfrischkäse mit dem durchgesiebten Puderzucker verrühren und mit den Kuchenkrümeln zu einer feucht-klebrigen Mischung verarbeiten, aus der sich Bällchen formen lassen. Die Masse sollte nicht zu feucht sein, sonst fallen die Bällchen hinterher beim Dippen vom Stab. Ist das Ganze nicht feucht genug, dann brechen die Bällchen auseinander. Jedes Bällchen sollte ungefähr ein Gewicht von 22 g haben. Das Gewicht mit einer Waage kontrollieren, damit alle Bällchen gleich groß sind. Die Bällchen im Kühlschrank fest werden lassen.

Die Glasurlinsen in der Mikrowelle schmelzen. Zuerst nur 30 Sekunden bei geringer Temperatur erwärmen. Anschließend in Intervallen weitererwärmen und umrühren, da die Glasurlinsen nicht zu stark erhitzt werden sollten. Sollten die Linsen zu fest sein, etwas Olivenöl unterrühren.

Die Stäbchen zuerst 2 cm tief in die geschmolzenen Linsen tauchen und Überzug fest werden lassen. Dieser verhindert, dass das Öl die Stäbchen nach einem Tag gelb färbt. Die Stäbchen anschließend nochmals in die Linsen tauchen und dann bis zur Hälfte in die gekühlten Bällchen stecken.

Wenn das letzte Bällchen aufgespießt ist, sollte das erste bereits ausreichend fest sein und kann eingetaucht werden. Das Bällchen in die geschmolzenen Linsen tauchen und wieder herausnehmen. Kurz abtropfen lassen, eventuell noch Streusel über die feuchte Glasur geben. Das Stäbchen zum Trocknen in den Styroporblock stecken. Die Cakepops können auch auf dem Kopf trocknen. Dann sollten die Bällchen leicht abgeflacht werden, damit sie stehen bleiben.

*Geschmacksvariationen:* Für einen Schoko-Cakepop noch 2 EL Kakaopulver unter den Teig rühren. Statt der Frischkäse-Puderzucker-Mischung einfach Ganache unterrühren. Jedes Grundrezept für Biskuit und jede Creme (z. B. SBBC oder Ganache) sind geeignet, solange das Verhältnis stimmt. Pro Kuchenmenge (600 g) etwa 170 g Creme rechnen.

*Tipp:* Bekommt die Glasur einen Riss, dann waren die Kuchenbällchen zu kalt. Die Pops dehnen sich bei Zimmertemperatur leicht aus. Die Bällchen vor dem Eintauchen in die Glasur 15 Minuten in den Kühlschrank legen, damit die Außenseite kalt ist, das Bällchen aber insgesamt nicht zu stark gekühlt ist. Glasurlinsen (und Schokolade) lassen sich nicht mit normaler Lebensmittelfarbe einfärben. Daher besser gefärbte Glasurlinsen verwenden.

# KEKSE

**ZUTATEN** 250 g **Butter**, 250 g hellbrauner **Zucker**, Mark von 1 **Vanilleschote**, 1 **Ei**, 500 g **Mehl** (+ Mehl zum Bestäuben), ½ TL **Salz**

**ARBEITSMATERIAL** flache **Holzleisten** von ½ cm Dicke, **Rollstab**, **Backpapier**, **Ausstechformen**, **Kuchengitter**

*Für ca. 30 Kekse*

Mit dem Teighaken eines Handrührgeräts oder einer Küchenmaschine Butter, Zucker und Vanille rasch mischen. Dann Ei, Mehl und Salz zufügen und alles zu einer krümeligen Masse verarbeiten. Anschließend den Teig mit den Händen zu einem kompakten Teig verkneten.

Den Teig in zwei flache Scheiben teilen und in Frischhaltefolie wickeln. Mindestens 1 Stunde (oder noch besser über Nacht) im Kühlschrank ruhen lassen. Die Arbeitsfläche mit etwas Mehl bestäuben und den Teig darauf kurz durchkneten. Mit Hilfe der Holzleisten den Teig 0,5 cm dick ausrollen.

Den Backofen auf 190 °C (Umluft 175 °C) vorheizen. Ein Backblech, das möglichst in den Kühlschrank passen sollte, mit Backpapier auslegen. Eine Teigplatte aus dem Kühlschrank nehmen. Mit den Ausstechformen Kekse ausstechen und auf das Backblech legen. Die Kekse am besten mit dem Palettenmesser aufnehmen, damit sie ihre Form behalten. Die Teigreste noch einmal verkneten und ausrollen. Nicht häufiger, sonst wird der Teig zäh – genau wie die Kekse. Das Backblech 30 Minuten in den Kühlschrank stellen. Dann behalten die Kekse auch beim Backen ihre Form. Die Kekse etwa 8–12 Minuten backen, bis sie (je nach Größe) goldbraun sind, und auf einem Kuchengitter abkühlen lassen.

*Geschmacksvariationen: Den hellbraunen Zucker durch dunkelbraunen Zucker mit intensivem Karamellgeschmack ersetzen. Die abgeriebene Schale von 1 unbehandelten Zitrone oder Orange zufügen. Noch 2 TL Spekulatiusgewürz untermischen. Für Schokoladenkekse 50 g Mehl durch 50 g Kakaopulver ersetzen. 50 g Zucker durch 50 g Honig ersetzen. Noch 2 TL Lavendelblüten (frisch oder getrocknet) untermischen.*

# EIWEISSGLASUR (ROYAL ICING)

**ZUTATEN** 12 g **Eiweißpulver**, 500 g **Puderzucker**, 75 ml **Wasser**, **Lebensmittelfarbe** (nach Belieben)

Das Eiweißpulver unter den Puderzucker mischen und in eine Schüssel sieben. Wasser zufügen und mit einem Handrührgerät auf niedriger Stufe zu einer glatten, fast gelartigen Masse verarbeiten. Etwa 8 Minuten auf niedriger Stufe weiterrühren; die Mischung wird dabei etwas flüssiger. Zum Aufspritzen von Linien und Punkten sollte die Glasur eine cremige Konsistenz haben (die dabei entstehenden Spitzen verlaufen), während sie zum Glasieren von Gebäck flüssiger sein sollte. Um die richtige Konsistenz zu bestimmen, ein Messer durch die Glasur ziehen. Bei einer flüssigen Konsistenz sollte die Glasur nach 10 Sekunden wieder glatt sein.

Eventuell tropfenweise Wasser sowie nach Belieben Lebensmittelfarbe zufügen. Die Eiweißglasur trocknet schnell. Daher die Schüssel abdecken und im Kühlschrank aufbewahren. Vor der Verwendung ein paar Minuten durchrühren.

# BAISERS

**ZUTATEN** 3 **Eiweiß** (insgesamt 100 ml), 1 kl. Msp. **Weinsteinbackpulver**, 200 g feiner **Kristallzucker**, einige Tropfen **Zitronensaft**, **Aroma** oder **Lebensmittelfarbe** (nach Belieben)

**ARBEITSMATERIAL** **Handrührgerät**, **Spritzbeutel**, **Spritztülle** mit 8–12 mm großer Öffnung

*Für ca. 60 Baisers*

Den Backofen auf 90 °C (80 °C Umluft) vorheizen. Zwei Backbleche mit Backpapier auslegen. Auf niedriger Stufe die Eiweiße cremig schlagen. Dann auf hoher Stufe den Eischnee mit Weinsteinbackpulver zu weichen Spitzen schlagen. Den Zucker langsam einrieseln lassen und darauf achten, dass er sich vollständig aufgelöst hat, ehe die nächste Portion dazukommt. Weiterrühren, bis der Eischnee fest ist und feine Spitzen bildet.

Das Baiser nach Belieben aromatisieren und einfärben. Eventuell die Masse auf zwei bis drei Portionen verteilen und diese entsprechend einfärben. Die untere Spitze des Spritzbeutels abschneiden und die Spritztülle von innen hineindrücken. Die Baisermasse einfüllen und den Beutel oben zudrehen. Das Backpapier mit einem Klecks Baiser auf das Backblech kleben.

Kleine Tropfen in gleicher Größe aufspritzen. Die Backbleche in den vorgeheizten Backofen schieben und die Baisers etwa 2–3 Stunden trocknen lassen, bis sie sich an der Unterseite gleichmäßig vom Backpapier lösen. Bei feuchtem Wetter dauert es manchmal etwas länger. Den Backofen eventuell nach 3 Stunden ausstellen und die Baisers darin ruhen lassen, bis der Backofen abgekühlt ist (oder über Nacht). Die Baisers in einer luftdicht verschließbaren Dose aufbewahren. Sie sind einige Wochen haltbar.

Die Baisers lassen sich auf drei Arten einfärben: etwas Farbe unter den Eischnee rühren. Die Baisers werden dann gleichmäßig gefärbt. Die Farbe kann auch zum Baiser in die Spritztülle gegeben werden. Dadurch entsteht beim Spritzen eine hübsche Marmorierung. Bei der dritten Möglichkeit wird mit einem Pinsel etwas Lebensmittelfarbe in Streifen auf die Innenseite des Spritzbeutels verteilt. Erst dann wird der Eischnee in den Beutel gefüllt.

Vor dem Backen können die Baisers noch mit bunten Streuseln, Konfetti, Perlen oder kleinen getrockneten Blütenblättern bestreut werden.

*Geschmacksvariationen: Eventuell noch einige Tropfen Vanille-, Rosen-, Minz- oder Zitronenextrakt in den Eischnee geben. Nicht zu viel hineinträufeln, denn das Baiser ist geschmacksneutral und nimmt Aromen viel stärker auf als etwa ein Kuchenteig.*

*Für eine schöne natürliche Farbe (und ein natürliches Aroma) sorgen auch Kakao-, Matcha- und Espressopulver sowie fein gemahlene Trockenfrüchte. Bei der Zugabe von fetten Zutaten wie Kokos darauf achten, dass die Baisermasse nicht zusammenfällt und feucht wird.*

*Eventuell fein gehackte Nüsse wie Pistazien (köstlich zu Rosen-Baisers!) über die aufgespritzten Tropfen streuen, bevor diese in den Backofen geschoben werden. Mit Loch- oder Sternspritztüllen experimentieren. Möglichst eine Tülle mit einer 8–12 cm großen Öffnung wählen.*

Farbe

# MISCHEN DER FARBEN

Schon mit vier verschiedenen Lebensmittelfarben (Rot, Gelb, Blau und Grün) lassen sich alle hier abgebildeten Farben mischen.

Die Menge der Tropfen ist für 250 ml Baiser oder SBBC berechnet. Zuerst die SBBC mit einem „Whitener" (siehe Seite 25) weiß einfärben, damit der gelbe Schimmer verschwindet.

Die Zahlen entsprechen der Tropfenmenge. Das mag zuerst viel erscheinen, aber 100 Tropfen entsprechen nur 1 Teelöffel.

Für Kuchenteig, Baiser oder SBBC normale Lebensmittelfarbe verwenden. Weiße Schokolade jedoch besser mit einer speziellen Schokofarbe (Candy Colours) einfärben.

150 ROT    45 ROT - 5 GELB    11 ROT - 3 GELB    24 ROT    12 ROT    6 ROT

2 ROT    3 ROT - 1 GELB    5 ROT - 5 GELB    6 ROT - 8 GELB    9 ROT - 10 GELB    78 ROT - 90 GELB

50 ROT - 45 GELB    33 ROT - 90 GELB    12 ROT - 45 GELB    2 ROT - 22 GELB    1 ROT - 10 GELB    50 GELB

14 GELB  20 GELB  2 GELB  2 GRÜN – 5 GELB  5 BLAU – 45 GELB  10 GRÜN – 25 GELB

30 GRÜN – 25 GELB  22 BLAU – 24 GELB  4 BLAU – 4 GELB  10 GRÜN – 5 GELB  1 BLAU – 1 GELB  10 GRÜN

5 BLAU – 5 GRÜN  3 BLAU – 1 GRÜN  15 BLAU – 28 GRÜN  78 GRÜN  54 BLAU – 27 GELB  61 BLAU

8 BLAU – 1 ROT  5 BLAU – 1 ROT  5 BLAU – 3 ROT  5 BLAU – 5 ROT  39 BLAU – 60 ROT  42 BLAU – 153 ROT

# AUSWAHL DER FARBEN

Die Farbe bestimmt zu einem großen Teil das Aussehen einer Torte. Die gleiche Torte mit dem gleichen Überzug und der gleichen Dekoration sieht in einer anderen Farbe komplett anders aus.

Baiser oder SBBC lassen sich mit einer Farbpaste einfärben, doch auch natürliche Zutaten wie Fruchtpüree (für Rosa- und Lilatöne, je nachdem, welche Frucht verwendet wird), Matchapulver (für ein charmantes Hellgrün), Karamell, Kakao, Schokolade und/oder Kaffee (für Creme- bis Hellbrauntöne) eignen sich gut.

Die Basis einer Torte nicht zu grell einfärben: Eine knallgrüne oder quietschblaue Buttercreme sieht unnatürlich und somit nicht lecker aus. Sollen knallige Töne zum Einsatz kommen, dann diese am besten für die Dekoration, etwa für Bänder und Blüten, verwenden.

Die Torte sollte zum Stil der Feier passen. Zu einem frühen Zeitpunkt der Vorbereitungen können Einladungen, Blumen und andere Dekorationen auf Stil und Thema der Torte abgestimmt werden.

*Rechts: Eine Torte viermal mit der gleichen Struktur (einmal werden zwei Strukturen kombiniert), die aber jedes Mal anders aussieht. Durch die Rosenstruktur aus reinweißem Baiser, mit einem Flambierbrenner leicht überflammt, bekommt die Torte einen Hauch von Vintage. Wenn die SBBC mit Fruchtpüree oder Matchapulver eingefärbt wird, wirkt die Torte sehr klar und natürlich. Wird die Torte cremefarben überzogen (natürliche SBBC) und mit wenigen essbaren Blüten dekoriert, wirkt sie elegant klassisch.*

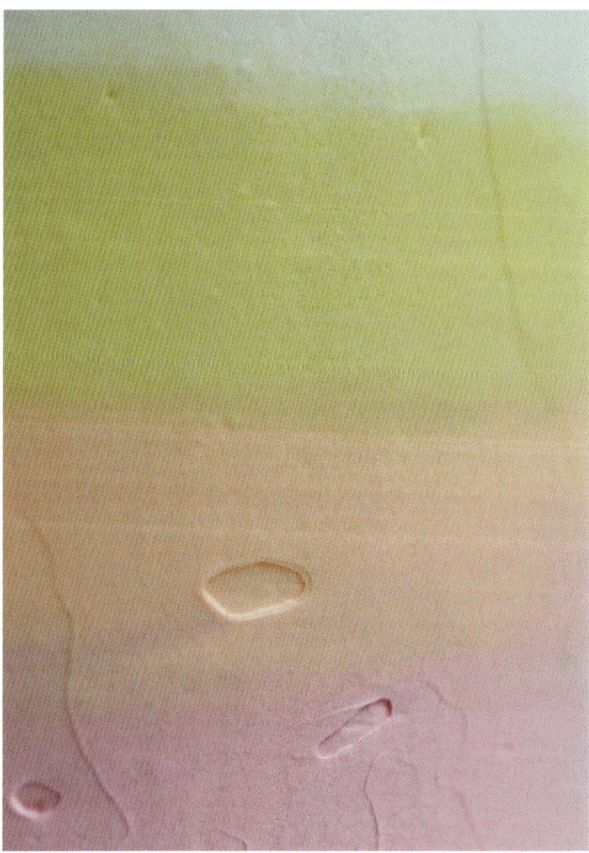

Auch ein Farbverlauf ist für eine Etagentorte gut geeignet, sowohl innen als auch außen. Doch übertreiben Sie es nicht: Wenn das Innere schon durch Farbeffekte überrascht, empfiehlt es sich, den Außenüberzug schlicht zu halten.

Struktur

## GLATTE STRUKUTR UND STUCKSTRUKTUR

## KAMMSTRUKTUR

Ein glatter Überzug bildet einen ruhigen Hintergrund für eine Dekoration. Sehr praktisch ist es, bei dieser Technik einen Drehteller zu verwenden. Nachdem der Grundüberzug im Kühlschrank fest geworden ist, wird der eigentliche Überzug aufgetragen. Dazu eine größere Menge Creme auf der Oberseite der Torte verteilen und bis über den Rand hinaus verstreichen. Immer wieder weitere Creme auf den Seiten verteilen, bis die Torte vollständig bedeckt ist.

Den Seitenglätter im 90-Grad-Winkel an der Torte ansetzen und den Drehteller drehen. Diesen Vorgang mehrmals wiederholen, bis die Seiten schön glatt sind. Am oberen Rand hat sich dann etwas Creme angesammelt. Das Palettenmesser in der Höhe ansetzen, bis zu der die Creme verteilt werden soll, und das Messer dann von hinten nach vorn am Rand entlangführen. Die Torte dabei immer ein wenig drehen, bis die überschüssige Creme abgenommen ist.

Ein hübscher Effekt entsteht, wenn einige Strukturen sichtbar bleiben. Dazu die Seiten und die Oberseite mit dem Palettenmesser bearbeiten, sowohl waagerecht als auch senkrecht. Dabei die Oberseite wie bei einer glatten Struktur bearbeiten.

Die Creme sollte möglichst Zimmertemperatur haben. Ist sie zu fest, lässt sie sich nur schwer glatt verstreichen. Zwischendurch die SBBC wieder auf die richtige Temperatur bringen. Dazu einige Löffel Creme abnehmen, diese kurz in der Mikrowelle erwärmen und wieder unter die SBBC mischen.

Bei einer Etagentorte in dieser Technik empfiehlt es sich, zunächst alle Etagen einzeln zu bearbeiten und diese dann zusammenzusetzen. Darauf achten, dass auf der Oberseite der unteren falschen Etage an einer Stelle nicht überzogen wird. Dort wird das doppelseitige Klebeband befestigt. Dieses Muster ist gut geeignet für SBBC, Baiser und Ganache.

Im Fachhandel für Backzubehör gibt es spezielle Tortenkämme, doch günstiger ist ein Set aus dem Baumarkt, mit dem üblicherweise Fliesenkleber aufgetragen wird. Ein Drehteller ist bei dieser Technik ebenfalls sehr hilfreich.

Auf den Grundüberzug eine Schicht Creme auftragen, an den Seiten etwas dicker, auf der Oberseite etwas dünner. Die Oberseite mit dem Palettenmesser glatt verstreichen. Den Kamm unten an der Torte, direkt an der Tortenplatte, ansetzen und mit einer fließenden durchlaufenden Bewegung die Torte einmal drehen. Den Vorgang mehrere Male wiederholen, bis der Rand gleichmäßig glatt ist. Eventuell den Kamm vor der letzten Drehung einmal kurz unter heißem Wasser erwärmen und rasch abtrocknen. Dann noch einmal an der Torte entlangführen. Durch die Wärme des Kamms wird die Torte schneller glatt.

Bei einer Etagentorte in dieser Technik empfiehlt es sich, alle Etagen zunächst einzeln zu bearbeiten und diese dann zusammenzusetzen. Darauf achten, dass auf der Oberseite der unteren falschen Etage eine Stelle keinen Überzug bekommt. Dort wird das doppelseitige Klebeband befestigt. Die Kammstruktur ist gut geeignet für SBBC und Ganache.

# STREIFENSTRUKTUR

Streifen lassen sich waagerecht oder senkrecht einarbeiten. Bei der waagerechten Variante am besten mit einem Drehteller arbeiten. Auf dem Grundüberzug eine Schicht Creme verteilen, dann das Palettenmesser an der Unterseite der Torte ansetzen und den Drehteller einmal ganz drehen. Nun das Palettenmesser immer etwas höher ansetzen und die Torte weiter drehen. Bis zum oberen Tortenrand so weiterarbeiten. Dabei sollten sich die Streifen etwas überlappen. Für die senkrechten Linien mit dem Palettenmesser immer von unten nach oben arbeiten. Auch hier sollten sich die Linien etwas überlappen.

Bei einer Etagentorte in dieser Technik empfiehlt es sich, zunächst alle Etagen einzeln zu bearbeiten und diese dann zusammenzusetzen. Darauf achten, dass auf der Oberseite der unteren falschen Etage eine Stelle nicht überzogen wird. Dort wird das doppelseitige Klebeband befestigt. Diese Struktur ist gut geeignet für SBBC und Ganache.

# LÖFFELSTRUKTUR

Dies ist die wohl einfachste Oberflächenstruktur. Auf dem Grundüberzug der Torte eine Schicht Creme verteilen.

Mit der Rückseite eines Löffels in kreisenden Bewegungen (in einer C-Form oder einer umgedrehten C-Form) über die Creme gehen. Wird der Löffel leicht angehoben, formen sich kleine Spitzen. Je dicker die Cremeschicht, desto plastischer wird die Struktur. Die Struktur wird glatter, wenn sie mit dem Palettenmesser aufgetragen wird.

Bei einer Etagentorte in dieser Technik empfiehlt es sich, alle Etagen erst zusammenzusetzen und dann komplett zu überziehen. Diese Technik lässt sich gut mit SBBC, Baiser und Ganache umsetzen.

# ROSENSTRUKTUR

Bei dieser relativ einfachen Technik fallen kleine Fehler nicht direkt auf und das Ergebnis sieht immer professionell aus. Die Rosen werden mit einer Sterntülle (M1) aufgespritzt. Das ist eine Standardgröße, die in jedem Haushaltswarengeschäft erhältlich ist.

Die Torte mit der Creme überziehen, mit der anschließend auch die Struktur aufgespritzt wird. Eine kleine Spitze des Spritzbeutels abschneiden, die Spritztülle in den Beutel einsetzen und den Beutel mit SBBC oder Baiser füllen. Den Beutel nur bis zu zwei Drittel füllen, da sonst die Creme oben herausläuft. Den Beutel oben mehrmals zudrehen. Dann ist er gut verschlossen. Mit der rechten Hand den Beutel oben auf Spannung halten, mit der linken Hand die untere Spitze führen. In der Mitte ansetzen und gegen den Uhrzeigersinn Kreise spritzen.

Für jede Rose zwei Kreise spritzen und dabei rechts oder oben enden. Die einzelnen Rosen sollten sich leicht überlappen. Die Reihen gleichmäßig übereinander spritzen. Etwas lockerer wirkt die Struktur, wenn die Rosen versetzt aufgespritzt werden. An der oberen Kante die Rosen etwas über den Rand hinaus spritzen. Dann die restlichen Rosen auf der Oberseite wie die übrigen spritzen.

Wenn mal etwas schiefgeht, einfach mit einem Messer die Rose abnehmen und erneut spritzen.

Bei einer Etagentorte in dieser Technik empfiehlt es sich, alle Etagen erst zusammenzusetzen und dann komplett zu überziehen. Diese Technik lässt sich gut mit SBBC und Baiser umsetzen.

# FEDERSTRUKTUR

Auch diese Technik gelingt leicht. Benötigt werden ein Spritzbeutel und eine Lochtülle mit 8 mm großer Öffnung. Die Torte mit derselben Creme überziehen, mit der auch die Struktur aufgespritzt wird.

In regelmäßigen Abständen kleine Tropfen in senkrechten Reihen auf der gesamten Tortenhöhe aufspritzen. Die Tropfen sollten etwa 1 cm Durchmesser haben und sich möglichst nicht berühren. Mit dem Palettenmesser die Tropfen nach rechts ausstreichen. Eine neue Reihe Tropfen aufspritzen und diese wiederum nach rechts ausstreichen. Darauf achten, dass der Abstand gleich bleibt, damit schöne gleichmäßige Reihen entstehen.

Eventuell vorher mit dem Lineal feine Markierungen in die Cremeschicht der Torte drücken, damit die Reihen wirklich parallel laufen.

Diese Technik ist für Farbverläufe gut geeignet. So kann die Oberflächenstruktur beispielsweise von Dunkel nach Hell verlaufen. Für jede verwendete Farbe einen separaten Spritzbeutel verwenden.

Bei dieser Struktur ergibt sich an der Stelle, an der Anfang und Ende aufeinandertreffen, eine deutliche Naht, die sich gut abdecken lässt. So können auf die letzte verstrichene Reihe Tropfen gespritzt werden, die dann nicht mehr ausgestrichen werden. Die Reihe ähnelt einem Verschluss. Bei der Federstruktur empfiehlt es sich, alle Etagen einer Etagentorte zuerst zusammenzusetzen und dann komplett zu überziehen. Die Struktur lässt sich gut mit SBBC und Ganache umsetzen.

## BEDRUCKTES FONDANTPAPIER

Essbares Fondantpapier (frosting sheet) besteht aus einer dünnen Fondantschicht, die mit lebensmittelechter Farbe bedruckt werden kann (Adressen hierzu hinten im Buch). Die Blätter sind im DIN-A4- und DIN-A3-Format erhältlich. Bei einer quadratischen Torte gibt es keine Naht, bei einer runden Torte schon. Die beiden Blätter deshalb so sauber wie möglich auf der Rückseite der Torte aneinanderlegen. Am besten ein Druckformat wählen, bei dem kaum Nähte nötig sind. Die bedruckten Blätter in einem Plastikbeutel an einem dunklen Ort aufbewahren (nicht im Kühlschrank). Ein Blatt zuschneiden, auf die glatt verstrichene Creme auflegen und vorsichtig glatt streichen (am besten mit einem Fondantglätter).

## KUGELN, STÄBE UND STREUSEL

Die Creme kann mit Streuseln verziert werden. Kokosflocken sehen beispielsweise hübsch aus (die feuchten Kokosraspel aus dem Asienladen kaufen und nicht die trockenen aus dem Supermarkt). Schokoladenraspel sind ebenfalls gut geeignet. Sie lassen sich aus einer leicht erwärmten Tafel Schokolade (etwa 53 % Kakaoanteil) raspeln. Alternativ selbst Schokotrüffel herstellen und diese zum Verzieren der Torte verwenden (siehe Rezept Seite 180). Soll die Torte weniger massiv wirken, die Kugeln einfach durchschneiden. Mit Schokoladenstäbchen, den sogenannten cigarillos, lassen sich die Tortenseiten dekorieren. Geschmack und Farbe der Creme für die Torte den Streuseln, Kugeln und Stäbchen anpassen, damit das Ganze eine Einheit bildet. Bei dieser Technik empfiehlt es sich, alle Etagen einer Etagentorte zuerst zusammenzusetzen und dann komplett zu überziehen.

## DEKORRÄNDER

Mit einem hübschen Dekorrand sieht jede Torte (oder jeder Keks) richtig professionell aus. Vor allem bei bedrucktem Fondantpapier ist das eine gute Lösung, da sich der Papierrand damit gut abdecken lässt. Auch bei Etagentorten lässt sich ein Rand aufspritzen, der die Naht verdeckt.

Einen Spritzbeutel (Einwegspritzbeutel sind ideal) mit Spritztülle verwenden. Diese gibt es in verschiedenen Größen und Formen. Mit einer Lochtülle wird das Muster gradliniger, während eine Sterntülle einen nostalgischen Effekt zaubert. Bei Keksen möglichst eine kleine Größe verwenden, bei einer größeren Torte eine größere Tülle wählen.

Die Tropfen wie Perlen aufgereiht dicht nebeneinander spritzen. Oder eine sogenannte „Schneckenspur" spritzen. Dazu einen Tropfen aufspritzen, dann den Druck auf den Spritzbeutel lösen und dabei die Spritztülle nach rechts führen. Die folgenden Tropfen auf das „auslaufenden Ende" des vorherigen Tropfens spritzen. Eventuell zuerst einige Probereihen spritzen, um die fließende Bewegung zu üben. Je gleichmäßiger Abstand und Größe sind, desto schöner wird das Muster.

*Durch den feinen Spritzrand wirkt die Paris-Torte von Seite 107 klassisch und edel. Die Torte von Seite 197 erhält durch die dicken Schokoraspeln ein rustikales Aussehen.*

# Dekoration

# KANDIERTE BLÜTEN

**ZUTATEN** 1 **Eiweiß**, 1 EL **Wasser**, essbare, ungespritzte **Blüten** oder **Blütenblätter**, extrafeiner **Kristallzucker**
**ARBEITSMATERIAL Tasse**, **Gabel**, **Pinsel**, **Schale**, **Sieb**

Eiweiß und Wasser mit der Gabel in einer Tasse verquirlen. Mit einem Pinsel die Blüten oder Blütenblätter rundherum mit dem verquirlten Eiweiß bestreichen.

Zucker in ein Schälchen streuen und die Blüten oder Blütenblätter hineinlegen. Etwas Zucker in das Sieb geben und Vorder- und Rückseite der Blüten dünn bestreuen. Die Blüten über Nacht auf einer sauberen Lage Backpapier trocknen lassen.

Die Trockenzeit wird durch die Luftfeuchtigkeit bestimmt: Im Winter, wenn die Heizung läuft, geht es schneller als an einem feuchten Frühlingstag.

Zum Kandieren geeignete Blüten und/oder Blätter: Stiefmütterchen, Rosen, Pfingstrosen, Lavendel, Minze und viele andere. Die Blüten müssen auf jeden Fall ungespritzt sein! Entweder selbst angebaute Blumen oder Blüten aus dem Bioladen verwenden.

Die getrockneten Blüten sind mehrere Wochen haltbar und sollten möglichst an einem dunklen Ort aufbewahrt werden: Am besten in einen Plastikbehälter zwischen Lagen aus Papierservietten legen. Aber Achtung: Nicht zu viele Lagen übereinanderstapeln. Die Blüten sind zerbrechlich.

# FONDANTBLÜTEN

**ZUTATEN Zuckerblütenpaste**, **Lebensmittelfarbe**, **Puderzucker**
**ARBEITSMATERIAL** kleines **Antihaft-Kunststoffbrett**, kleiner (Plastik-) **Ausrollstab**, **Ausstechformen**, **Schaumstoffpad**, **Veiner** (Prägeform für Blattstruktur), **Modellierstab**, **Malerpalette**

Nach Belieben die Zuckerblütenpaste mit wenig Lebensmittelfarbe einfärben. Die Paste auf einem mit Puderzucker bestäubten Kunststoffbrett dünn ausrollen. Mit den Ausstechformen Blüten und Blätter ausstechen. Die Blüten eventuell auf ein Schaumstoffpad legen und mit einem Modellierstab die äußeren Blütenränder etwas dünner und gewölbter arbeiten. Die Blüten in den Vertiefungen der Malerpalette trocknen lassen, damit sie eine schöne natürliche Form bekommen (oder alternativ in Löffel legen). Kleine Kügelchen können mit wenig Eiweißglasur auf dem Blütenherz aufgeklebt werden. Essbarer Farbpuder sorgt für einen hübschen Akzent.

Nach dem Ausstechen lassen sich mit der Prägeschablone auf Blättern kleine Details herausarbeiten. Die Blätter in eine natürliche Form bringen und über Nacht trocknen lassen.

*Tipp: Die Zuckerblütenpaste kann dünner als Fondant ausgerollt werden und Blüten und Blätter bekommen eine natürlichere Form. Die Paste trocknet schnell, deshalb Restpaste unbedingt in Frischhaltefolie einwickeln. Selbst eingefärbte Zuckerpaste (oder Fondant) bekommt eine feinere Farbe als fertig eingefärbte. Nur die Farben Rot und Schwarz sollten am besten fertig eingefärbt gekauft werden.*

# FRISCHE BLÜTEN UND BLUMEN

Mit frischen Blüten kann eine Torte einfach und eindrucksvoll verziert werden. Blüten lassen eine Torte sehr natürlich wirken. Je nach gewählter Blüte erhält die Dekoration eine ganz individuelle Note: Rosen sind klassisch, Pfingstrosen und Hortensien wirken üppig und Sukkulenten sind ideal für eine Torte im modernen Look. Auch die Wahl zwischen knalligen und pastelligen Blütenfarben beeinflusst das Gesamtbild.

Die Blüten sollten auf jeden Fall ungiftig sein. Verwenden Sie möglichst Blumen und Blüten aus Bio-Anbau. So gelangen keine Pestizide auf die Torte.

Damit die Blüten lange die Torte zieren, sollten sie unbedingt frisch sein und erst kurz vor dem Servieren dekoriert werden.

Auf keinen Fall die Stiele in die Torte stecken. Besser sind kleine Glasröhrchen, in die etwas Wasser gefüllt wird. Die Stiele von kräftigen, größeren Blüten können Sie einfach mit Blumenband umwickeln und in den Kuchen stecken. Eventuell die Stiele mit etwas Blumendraht in die Torte stecken.

Auf den oberen Tortenboden kann eine große Blüte gesetzt oder asymmetrisch auf der zweitobersten Etage platziert werden. Auch ein kleines Gesteck oben auf der Torte sieht hübsch aus. Dieses lässt sich gut mit Steckschaum arrangieren. Dazu den Steckschaum mit Wasser tränken, abtropfen lassen und dann die Blumen hineinstecken. Ein zugeschnittenes Stück Kunststoff auf die Oberfläche der Torte legen und das Gesteck darauf dekorieren.

Ganz natürlich wirkt die Blumendekoration, wenn Blumen mit langen Stielen mit einem Band an die Torte gelegt und damit festgebunden werden. Oder sie werden als Kranz oben auf die Etagentorte gesetzt.

Essbare Blüten haben beispielsweise: Rosen, Mohn, Pfingstrosen, Dahlien, Lavendel, Stiefmütterchen, Sterndolde, Geiß-

blatt, Quittenblüten und Hibiskus. Alle Blüten sollten unbedingt aus Bio-Anbau stammen.

Auch nicht essbare Blüten und Pflanzen können als Dekoration genutzt werden. Sie werden auf ein Stück Frischhaltefolie gelegt und sollten vor dem Anschneiden der Torte entfernt werden. Frische Blütenblätter von essbaren Blüten werden erst kurz vor dem Servieren auf die Torte gestreut.

Statt die Blüten direkt auf der Torte als Dekoration zu verwenden, kann die untere Etage auch durch einen Steckschaumblock ersetzt werden. Dieser wird dann üppig mit Blüten geschmückt. Da diese keinen direkten Kontakt mit der Torte haben, können beliebige Blüten gewählt werden.

Zunächst den passend zugeschnittenen Steckschaum mit Wasser tränken und eine Stunde abtropfen lassen. Den Steckschaum auf die Tortenplatte setzen. Um zu verhindern, dass später Feuchtigkeit in die Torte zieht, eine Tortenpappe mit der Silberbeschichtung nach unten oben auf den Block legen. Bei empfindlichen Blüten mit einem Schaschlikstab Löcher im Steckschaum vorbohren, damit die Stängel beim Einstecken nicht abknicken. Die meisten Blüten können bereits am Vortag in den Steckschaum gesetzt werden und werden über Nacht kühl gestellt.

Damit die Blütenetage die richtige Größe hat, ist es wichtig, die Größe der Blüten im Blick zu haben. Blüten wie beispielsweise Nelken können relativ groß und tief sein. Deshalb zunächst überlegen, welchen Gesamtdurchmesser die Blütenschicht haben soll. Dann eine Blume in den Styropor stecken und messen, wie viele Zentimeter dadurch hinzukommen. Diese Zahl verdoppeln und vom gewünschten Durchmesser abziehen. Das Ergebnis zeigt, wie groß der Steckschaum anschließend zugeschnitten werden muss.

*Auf dieser Doppelseite ist die gleiche Torte mit unterschiedlichen Blütendekorationen abgebildet. Wenige große Pfingstrosenblüten sorgen bei der schlicht dekorierten Torte für einen Hauch von Luxus. Alternativ ein Stück Steckschaum unter die Torte legen und diesen rundherum mit Blüten dekorieren. Auf der zweiten Torte wurde der Steckschaum mit weißen Ranunkeln, Chrysanthemen und Rosen dekoriert. Zwischen Steckschaum und unterer Tortenetage eine Lage*

*Zellophan legen. Vor dem Kühlstellen der Torte einen Stab durch Steckschaum und Tortenpappe stecken, damit nichts verrutscht. Oder einfach Schaschlikstäbe in den Steckschaum stecken und darauf die Torte (mitsamt Tortenpappe) setzen. Auf der rechts abgebildeten Torte sind bunte Blüten und Blattranken über die gesamte Torte drapiert und schaffen eine natürliche, lockere Dekoration.*

# ANDERE DEKORATIONEN

Torten lassen sich auf ganz unterschiedliche Weise dekorieren.

Soll die Torte fröhlich und festlich werden, bietet sich eine selbst gebastelte **Girlande** an. Dazu kleine Dreiecke aus Papier um eine Schnur falten und festkleben. Die Schnur an zwei Holzstäbchen befestigen. Auf die Dreiecke dann zum Beispiel einzelne Buchstaben schreiben, die ein Wort ergeben. Auch ausgefallenes Papier, etwa eine alte Landkarte oder schön gemustertes Dekopapier, ist eine entzückende Idee. Statt Papierdreiecke können auch Blüten auf eine Schnur aufgezogen werden. Diese möglichst erst kurz vor der Verwendung pflücken, auffädeln und mit zwei Zweigen auf die Torte setzen (siehe Seite 68). Für eine moderne Variante Filzkugeln auf eine Schnur reihen.

Neben echten Blüten oder Fondantblüten können Sie auch **Papierblüten** verwenden, die in unterschiedlichen Farben und Formen vorbereitet werden wie beispielsweise Origamiblüten, Rosen oder einfach zu formende Ranunkeln. Dabei mit farbigem Papier, alten Buchseiten oder Notenblättern arbeiten. Aus diesen Blüten lässt sich mühelos ein ganzes Bukett zusammenstellen – entzückend als Brautstrauß, in kleinen Väschen und als Tischschmuck.

Papier eignet sich gut für Baiser. Wenn das Papier als Schmuck auf SBCM dekoriert wird, sollte es wenig Kontakt mit der Creme haben, denn Fett zieht schnell ins Papier.

Oben auf eine Hochzeitstorte gehört unbedingt das Brautpaar. Es gibt im Handel **Holzfiguren**, die mit einer zur Torte passenden Farbe bemalt werden können. Die Auswahl ist groß – entweder Männer- oder Frauenfiguren oder auch Kinderpüppchen. Diese sind ideal für eine Babytorte.

**Lange, schmale handgezogene Kerzen** sind einfach herzustellen und viel schöner als normale Tortenkerzen.

Zur Herstellung genügen ein Stück Schnur und verschiedene Kerzen(-reste). Die Kerzen in Stücke schneiden und in einem hohen Topf über einem Wasserbad erwärmen, bis das Wachs geschmolzen ist. Ein Stück Schnur zuschneiden, das doppelt so lang ist wie die gewünschte Kerze. Zusätzlich noch 10 cm dazurechnen. Einen Stock zwischen zwei Stühle legen und eine alte Zeitung darunterlegen. Die Schnur in der Mitte festhalten, die Finger ein wenig spreizen, damit sich die Schnüre nicht berühren und die Schnüre in das Wachs tauchen. Anschließend zum Trocknen über den Stock hängen. Diesen Vorgang wiederholen, bis die Kerzen die gewünschte Dicke haben. Sind die Kerzen noch weich, lassen sie sich gerade ziehen, doch auch eine unregelmäßige Form sieht hübsch aus. Die Schnur in der Mitte durchschneiden, sodass zwei einzelne Kerzen entstehen. Weiße oder auch farbige Kerzen wirken klassisch. Alternativ können die Kerzen zunächst aus weißem Wachs gezogen werden, bevor dann farbige Wachsreste hinzugeschmolzen werden. So bekommt die Kerze eine feine Farbabstufung.

Ein **Schleifenband** ist ideal, um der Torte einen schönen farbigen Akzent zu geben und den Tortenrand abzudecken. Verschiedene Bänder sind möglich: Samt, Satin, Rips, uni oder mit Punkten, breit oder schmal (siehe Foto Seite 65 unten links).

Das Band wird straff um die Torte gelegt (die Enden mit einem Tupfen Eiweißglasur fixieren) oder zur Schleife gebunden. Am besten eine zur Torte passende Farbe wählen.

Wenn das Band mit der Buttercreme in Berührung kommt, färbt es sich dunkel. Um zu verhindern, dass es fleckig wird, das Band vorher auf der Rückseite mit der Creme bestreichen. Dann dunkelt es gleichmäßig nach.

Der Holzstab auf der rechten Seite ist speziell für die Torte von Seite 173 gebastelt (dazu gibt es auch eine passende Girlande). Durch die selbst gemachte Dekoration bekommt die Torte einen persönlichen Touch und kann je nach Geschmack und Anlass verziert werden.

Der Ballon auf dieser Seite ist eigentlich ein Wasserballon. Durch den dünnen weißen Draht (Blumendraht) sieht es aus, als würde der Ballon schweben.

# The days of
# wine and roses

„They are not long, the days of wine and roses:
Out of a misty dream
Our path emerges for a while, then closes
Within a dream."

ERNEST DOWSON, AUS „VITAE SUMMA BREVIS"

# THE DAYS OF WINE AND ROSES

**BASIS** 1 **Torte** von 15 cm Durchmesser und 10 cm Höhe, 1 ½ Rezeptmenge **Baiser** **ARBEITSMATERIAL Palettenmesser**, mittelgroße **Sternspritztülle** (z. B. Wilton 1M, Open Star), **Spritzbeutel**, **Flambierbrenner**

*Rezepte S. 14-24, Füllen der Torte S. 26, Rosenstruktur S. 62.*

Die Torte mit einer dünnen Baiserschicht rundherum bestreichen. Mit dem Palettenmesser glatt streichen. Der Überzug muss nicht perfekt werden, da diese Schicht später bedeckt ist.

Die Spritztülle in den Spitzbeutel einlegen und mit der Baisermasse füllen, dabei besser weniger als zu viel hineingeben. Am unteren Tortenrand eine Rose aufspritzen: Dazu in der Mitte der Rose beginnen und mit einer durchgehenden Bewegung einen Kreis spritzen. Dann nochmals gegen den Uhrzeigersinn einen weiteren Kreis spritzen und rechts enden. Die darüberliegende Rosen-Reihe etwas versetzt aufspritzen und die oberste Reihe etwas über den Tortenrand hinaus aufspritzen.

Die Oberseite ebenfalls mit Rosen bedecken. Mit dem Flambierbrenner vorsichtig über die aufgespritzten Rosen gehen. In ausreichendem Abstand beginnen und den Brenner hin- und herbewegen, damit die Rosen gleichmäßig gebräunt werden.

*Mögliche Tortenkombinationen: Schokoladenkuchen mit Ganache-Füllung und Außenseite mit Vanillebaiser; Vanillebiskuit mit Salzbutter-Karamell-SBBC; Außenseite mit Vanillebaiser.*
*Ein Beispiel für eine passende Gästetorte findet sich auf Seite 201.*

# BAISERS

**BASIS** 1 Rezeptmenge **Baiser**, 1 Rezeptmenge **Ganache**
**ARBEITSMATERIAL** mittelgroße **Sternspritztülle** (z. B. Wilton 1M, Open Star),
**Lochtülle** von 5 cm Durchmesser,
2 **Spritzbeutel**, **Flambierbrenner**

*Rezepte S. 22 und 46, Rosenstruktur S. 62.*
Die Ganache nach Rezept zubereiten und
auf Zimmertemperatur abkühlen lassen.

Ein Backblech mit Backpapier auslegen.
Das Baiser zubereiten. Die Spitze des
Spritzbeutels abschneiden und die Spritztülle einsetzen. Den Beutel mit der Baisermasse füllen.

Das Backpapier an den Ecken mit einem
Tupfen Baiser fixieren. Rosen mit einem
Durchmesser von 5 cm spritzen. Mit dem
Flambierbrenner leicht bräunen. Die Bai-
sers im Backofen trocknen lassen wie im
Rezept beschrieben.

Die Lochtülle in den zweiten Spritzbeutel
einsetzen und mit der Ganache füllen.

Die Ganache auf die flache Unterseite der
Baisers spritzen und eine zweite Baiserrose
daraufsetzen. Die gefüllten Baisers in einem
luftdicht verschließbaren Behälter bei
Zimmertemperatur aufbewahren. So halten
sie sich mindestens 1 Woche.

*Mögliche Tortenkombinationen: Auf die
Unterseite der Vanillebaisers einen Rand aus
Ganache spritzen und das Innere mit Salz-
butter-Karamell füllen; für gefüllte Baisers
passend zur Rosentorte mit Fliederblüten die
Baisers fliederfarben einfärben und nicht über-
flammen, bevor sie in den Backofen kommen.
Mit weißer Schokoladen-Ganache füllen.*

*Diese besonders hohe Torte aus vier Böden ist mit natürlichen Zutaten zubereitet. Die SBBC mit Brombeerpüree aromatisieren (150 g Brombeeren mit 1 EL Zucker und dem Saft von ½ Zitrone aufkochen, abkühlen lassen und dann in die SBBC rühren). Die Creme für die Rosen und als Füllung zwischen den Schokoladenböden verwenden. Auf jeden Tortenboden kommt zuerst eine Schicht Schokoladen-Ganache.*

*Schokoladen-Cupcakes werden mit Rosen aus Brombeercreme verziert, damit sie zur Torte passen. Als Dekoration reicht eine frische Brombeere.*

Diese große Torte aus vier Etagen mit aufgespritzten
Rosen aus SBBC wird mit kleinen frischen Blüten
geschmückt. Die Blüten je nach Jahreszeit wählen.
Hübsch sind die hier verwendeten Fliederblüten, doch
auch kleine Stiefmütterchen- oder Obstbaumblüten
sehen apart aus. Die Blüten erst kurz vor dem
Servieren auf der Torte dekorieren.

# Heart like a wheel

*„And it's only love and it's only love."*

KATE & ANNA MCGARRIGLE

# HEART LIKE A WHEEL

**BASIS** 1 **Torte** von 15 cm Durchmesser und 10 cm Höhe, 1 Rezeptmenge **SBBC** (oder andere Creme nach Belieben)
**ARBEITSMATERIAL** 2 **Torten-Dummy-Scheiben aus Styropor** von 20 cm Durchmesser und 7 cm Höhe, doppelseitiges **Klebeband**, **Tortenpappe**, kleiner **Löffel**, **Palettenmesser**, **Papier** für den Fächer, **Klebstoff**, **Schaschlikstab**

*Rezepte S. 14-25, Füllen der Torte S. 26, Löffelstruktur S. 60.*
Eine Torte von 15 cm Durchmesser nach Rezept backen und füllen. Mit einer dünnen Schicht Creme überziehen, sodass die Torte vollständig bedeckt ist. Im Kühlschrank kurz fest werden lassen. Die Styroporscheiben zusammenkleben und mit Klebeband auf eine Tortenplatte oder ein Brett kleben. Auf der oberen Scheibe ein Stück doppelseitiges Klebeband befestigen und die Torte mit der untergelegten Tortenpappe auf das Styropor setzen. Eine dickere Schicht Creme auf der Torte und dem Styropor verteilen und mit dem Löffel kleine Wellen/Spitzen formen. Die Struktur sollte nicht zu grob sein. Die Torte sieht schöner aus, wenn die Federstruktur gut herausgearbeitet wird. Die Torte an einen kühlen Ort oder in den Kühlschrank stellen und erst kurz vor dem Anschneiden auf Zimmertemperatur erwärmen. Den Fächer oder ein Windrad auf der Torte platzieren.

*Herstellung des Fächers:*
Für den großen Fächer vier oder fünf Stücke Papier von 10 x 8 cm und für den kleinen Fächer 7 x 5 cm große Stücke zuschneiden. Das Papier an der Längsseite zur Ziehharmonika falten. Der äußere Rand des Fächers kann glatt sein so wie bei dem Fächer der Torte auf der vorherigen Doppelseite oder rund geschnitten werden wie bei dem oberen Fächer auf der gegenüberliegenden Seite. Die Ziehharmonika in der Mitte falten und festkleben. Jeder Fächer besteht aus drei bis vier Teilen. Wird der Fächer aus vier Teilen gearbeitet, kann er weiter auseinanderzogen werden, was bei gemustertem Papier schön aussieht. Die Teile zusammenkleben. Einen zugeschnittenen Schaschlikstab auf die Rückseite kleben.

***Tipp:*** *Darauf achten, dass der Fächer nicht mit der Creme in Berührung kommt. Das Papier passend zum Anlass wählen.*

***Variationen:*** *Diese Torte kann mit verschiedenen Cremes überzogen werden. Es eignen sich Ganache, Frischkäsecreme, Baiser oder auch SBBC.*
*Da die Baisermasse eine leichte Konsistenz hat, können die Muster der Löffelstruktur gern etwas größer ausfallen. Mit dem Flambierbrenner kurz überflammen. Das sieht apart aus und gibt der Torte zusätzlich Geschmack (siehe Rosentorte auf Seite 82).*

# KEKSE

**BASIS** 30 ungebackene runde **Kekse** von 6 cm Durchmesser, ½ EL **Zimt**, 1 EL **Puderzucker**

**ARBEITSMATERIAL** Schablone mit Schriftzug (oder nach Belieben)

*Rezept S. 44.*

Zimt und Puderzucker mischen. Die Schablone auf die Kekse legen und leicht darüberreiben, damit sie gut am Teig anliegt. Mit der Zimt-Zucker-Mischung bestreuen. Vorsichtig mit dem Finger über die Schablone reiben, damit der gesamte ausgesparte Schriftzug bedeckt ist. Die Schablone vorsichtig vom Keks abnehmen. Nach zwei bis drei Keksen die Schablone immer wieder mit Wasser säubern und gründlich abtrocknen. Die Kekse nach Anleitung im Grundrezept backen.

Es ist ganz einfach, die Torte von Seite 92 komplett
anders aussehen zu lassen. Die Papierfächer einfach
durch einen Vogel und feine Blütenzweige ersetzen.
Und werden Cupcakes dazu gebacken, bekommen sie
das gleiche Creme-Topping.

# Instant karma

„And we all shine on
Like the moon and the stars and the sun
Well, we all shine on
Everyone, c'mon."

JOHN LENNON

# INSTANT KARMA

**BASIS** 1 **Torte** von 15 cm Durchmesser und 10 cm Höhe, 1 ½ Rezeptmengen **Baiser** oder 1 Rezeptmenge **SBBC**, **essbares Fondantpapier** DIN-A3, bedruckt nach Belieben
**ARBEITSMATERIAL Lochtülle** von 5 mm Durchmesser, **Spritzbeutel**, **Fondantglätter**

*Rezepte S. 14-24, Füllen der Torte S. 26, essbares Fondantpapier S. 64, Schneckenspur S. 64.* Eine Torte von 15 cm Durchmesser nach Rezeptanleitung backen und füllen.

Mit einer dünnen Schicht Baiser oder SBBC überziehen, sodass die Torte vollständig bedeckt ist. Die Creme möglichst glatt verstreichen.

Die genaue Tortenhöhe messen und das essbare Fondantpapier entsprechend zuschneiden. Die Schutzfolie abziehen und das Papier vorsichtig um die Torte legen.

Die Nahtstelle sollte auf der Rückseite liegen. Da die Torte im Durchmesser zu groß ist, um sie rundherum mit einem Papier zu bedecken (Tortenumfang 50 cm, das bedruckte Papier ist maximal 42 cm breit) muss auf der Rückseite ein zweites Stück sauber dazwischengesetzt werden. Mit einem Fondantglätter behutsam an der Torte entlangstreichen, damit das Motiv glatt aufliegt. Die restliche Creme in einen Spritzbeutel füllen und am oberen und unteren Rand eine Schneckenspur aufspritzen.

*Mögliche Kombinationen: Schokoladenkuchen mit Ganache-Füllung und Vanille-Baiser-Überzug; Vanillebaiser mit Salzbutter-Karamell-SBBC-Füllung und Vanille-SBBC (mit einem Whitener eingefärbt).*

*Ein Vorschlag für eine passende Gästetorte findet sich auf Seite 201.*

# KEKSE

**BASIS** 30 **Kekse** von 5 x 5 cm mit Wellenrand und Geschmack nach Belieben, 1 Rezeptmenge **Eiweißglasur** von cremiger Konsistenz, essbares **Fondantpapier** (Papiergröße pro Keks etwa 4 x 4 cm)
**ARBEITSMATERIAL Lochtülle** (Größe 2), **Spritzbeutel**

*Rezept S. 44, Schneckenspur S. 64.*
Das Fondantpapier in 4 x 4 cm große Quadrate schneiden. Die Lochtülle in den Spritzbeutel einsetzen und die Eiweißglasur einfüllen. Kleine Kleckse der Glasur auf die Rückseite des Fondantpapier-Quadrats geben und dieses auf den Keks kleben. Vorsichtig glatt streichen.

    Mit der Glasur eine feine Schneckenspur rund um das Fondantpapier spritzen, sodass der Rand schön verdeckt ist.

Bei der „Paris-Torte" wird ein alter Stadtplan auf
Fondantpapier um die mittlere Etage gelegt. Eine
cremefarbene Karamell-SBBC passt gut dazu. Der
Zierrand wirkt besonders klassisch, wenn er mit einer
Sterntülle aufgespritzt wird. Die Cupcakes bekommen
den gleichen dekorativen Rand.

*English tea*

„Would you care to sit with me
For a cup of English tea
Very twee, very me
Any sunny morning

What a pleasure it would be
Chatting so delightfully
Nanny bakes fairy cakes
Every Sunday morning.“

PAUL MCCARTNEY

# ENGLISH TEA

**BASIS** 1 **Torte** von 15 cm Durchmesser und 10 cm Höhe, 1 Rezeptmenge **SBBC** (oder andere Creme nach Belieben)
**ARBEITSMATERIAL** 2 **Torten-Dummy-Scheiben aus Styropor** von 20 cm Durchmesser und 7 cm Höhe, doppelseitiges **Klebeband**, **Tortenpappe**, **Drehteller**, **Palettenmesser**, **Blüten**

*Rezepte S. 14-25, Füllen der Torte S. 26, Streifenstruktur S. 60.*
Eine Torte von 15 cm Durchmesser nach Rezeptanleitung backen und füllen.

Mit einer dünnen Schicht Creme überziehen, sodass die Torte vollständig bedeckt ist. Im Kühlschrank kurz fest werden lassen.

Die Styroporscheiben zusammenkleben und mit Klebeband auf einer Tortenplatte oder einem Teller befestigen. Zunächst die Styroporetage mit der Creme überziehen, dabei die Mitte der Oberseite aussparen.

Hierauf wird später die gekühlte Torte gesetzt. Eine waagerechte Streifenstruktur auf diese Etage aufbringen und anschließend die gesamte Torte so dekorieren. Die Torte mit der untergelegten Tortenpappe mit etwas Klebeband auf der obersten Etage befestigen.

Die Torte einige Stunden kühl stellen. Die Blüten erst kurz vor dem Servieren auf dem unteren Rand der Etagentorte platzieren und eventuell mit einem Stück Draht feststecken.

*Mögliche Kombinationen: Diese Torte wird sehr schlicht, weiß aber mit ihrem Inneren zu überraschen: Eine Schachbretttorte, verschiedene Biskuitschichten wie etwa Vanille- und Rosenbiskuit (in Gelb und Rosa) sind schön. Oder ein Mohn-Orangen-Biskuit mit der gleichen Creme für Füllung und Überzug.*

*Eine Variante mit drei Etagen und senkrechten Streifen.*
*Sukkulente und Craspedia-Blüten unterstreichen*
*den streng modernen Charakter der Torte. Die*
*dazu passende Gästetorte findet sich auf Seite 200.*

# Roman holiday

„I could do some of the things
I've always wanted to."
„Like what?"
„Oh, you can't imagine. I-I'd do
just whatever I liked all day long."

AUDREY HEPBURN IN DEM FILM „ROMAN HOLIDAY"

(„EIN HERZ UND EINE KRONE")

# ROMAN HOLIDAY

**BASIS** 1 **Torte** mit vier Schichten von 15 cm Durchmesser und 10 cm Höhe (siehe Anleitung unten im Text), 50 g pastellfarbene **Konfettistreusel**, 1 Rezeptmenge **SBBC**, **Lebensmittelfarbe (Gel)** in Gelb, Pink und Mintgrün, 2 **Fondantblüten**, essbares **Farbpulver**, **Puderzucker**, **Zuckerperlen** **ARBEITSMATERIAL Palettenmesser**, **Drehteller**, **Tortenkamm**

*Rezepte S. 14-25, Füllen der Torte S. 26, Kammstruktur S. 58, Fondantblüten S. 70.* Nach Anleitung 2 Fondantblüten herstellen. In die Blütenmitte etwas rosa Farbpulver streuen. Aus wenig Puderzucker und Wasser eine dickliche Glasur anrühren und die Perlen damit auf die Blüten kleben.

Eine Torte von 15 cm Durchmesser nach Rezeptanleitung backen. Die Tortenböden werden hierbei nicht in drei, sondern nur in zwei Backformen gebacken. Die Böden jeweils einmal durchschneiden, sodass vier Schichten entstehen. In den Vanillebiskuit-teig werden Konfettistreusel gerührt.

Die SBBC zubereiten und einen Teil der Creme pink, einen Teil gelb und den drit-ten Teil mintgrün einfärben. Den ersten Kuchenboden mit der pinkfarbenen Creme bestreichen. Darauf kommen ein weiterer Kuchenboden, eine Schicht mintgrüne Creme, darauf ein Kuchenboden und eine Schicht gelbe Creme und zum Schluss der letzte Kuchenboden. Die Torte mit einer dünnen Schicht mintgrüner Creme über-ziehen, sodass die Torte vollständig bedeckt ist. Im Kühlschrank kurz fest werden lassen.

Die Torte auf einen Drehteller setzen und mit einer weiteren Cremeschicht überzie-hen, normal dick an der Oberseite und et-was dicker an der Seite. Mit einem Paletten-messer die Oberseite glatt streichen.

Tortenkamm am unteren Tortenrand an-setzen und mit einer fließenden Bewegung ohne Unterbrechung einmal rund um die Torte ziehen. Den Vorgang wiederholen, bis eine schöne Struktur entstanden ist.

Eventuell die Kammspitze unter heißem Wasser erwärmen (danach kurz abtrocknen), damit die Cremeschicht noch exakter wird. Die Torte kurz kühl stellen und dann die Blüten oben auf die Torte setzen.

*Mögliche Kombinationen: Schöne Farbkom-binationen sind: Lila, Mintgrün und Lindgrün; Orange, Lila und Türkis oder Gelb, Orange und Pink. Oder nur eine hübsche Farbe wählen und diese für Füllung und Überzug verwenden. Statt Fondantblüten sind echte Blüten eine schöne Alternative.*

*Serviervorschlag: Cupcakes (ebenfalls aus einem Vanillebiskuitteig mit untergerührten Konfettistreuseln) werden mit SBBC in den Farben der Torte verziert. Auf jeden Cupcake eine Fondantblüte setzen. Die Cupcakes even-tuell mit einigen Konfettistreuseln bestreuen.*

Bei dieser Torte wurde mit einem anderen Kamm gearbeitet. Wenn bei einer mehretagigen Torte mit dem Tortenkamm die Struktur aufgetragen wird, empfiehlt es sich, erst jede Etage einzeln zu arbeiten und die Etagen am Schluss zusammenzusetzen. Die Oberseiten der unteren Etagen in der Mitte nicht mit Creme bestreichen, damit das Klebeband dort kleben bleibt und so die Tortenetagen mit der Tortenpappe befestigt werden können.

# Coffee & wine

„If only we had more time
for coffee and wine.“

JINKX MONSOON

**BASIS** 1 **Torte** von 15 cm Durchmesser und 7 cm Höhe, ½ Rezeptmenge Espresso-Schokoladen-**SBBC**, 400 g weiße **Schokolade**, kleine und große **Weinrebenblätter**, **Kakaopulver**

**ARBEITSMATERIAL** Torten-Dummy-**Scheibe aus Styropor** von 20 cm Durchmesser und 10 cm Höhe, doppelseitiges **Klebeband**, **Tortenpappe**, **Palettenmesser**, 3 **Pinsel**, **Backpapier**

*Rezepte S. 14-25, Füllen der Torte S. 26, Streifenstruktur S. 60.*

Die Weinrebenblätter behutsam mit einem feuchten Tuch säubern und gut trocknen lassen. Die Schokolade fein hacken und ein Drittel beiseitelegen. Die übrige Schokolade in einer Schüssel über einem Wasserbad schmelzen. Wenn die Schokolade gerade anfängt sich zu verflüssigen, den Topf vom Herd nehmen und die restliche Schokolade einrühren, bis die Masse komplett geschmolzen ist.

Die Blätter mit der Unterseite nach oben auf Backpapier legen und mit einem Pinsel mit der geschmolzenen Schokolade bestreichen. Kurz im Kühlschrank fest werden lassen und dann eine zweite Schokoladenschicht auftragen. Diesen Vorgang insgesamt drei Mal wiederholen. Darauf achten, dass die Schokolade nicht über den Blattrand läuft. Die Blätter einige Stunden im Kühlschrank fest werden lassen und dann vorsichtig von der Schokolade abziehen. Mit einem Pinsel etwas Kakaopulver auf die Blattadern geben und mit einem sauberen Pinsel überschüssiges Kakaopulver abstreifen. Die Blätter halten sich in einem luftdicht verschließbaren Behälter bis zu 2 Wochen an einem kühlen, trockenen Ort.

Die Styroporscheibe von 20 cm Durchmesser mit doppelseitigem Klebeband auf einer Tortenplatte oder einem Teller befestigen. Mit einer dünnen Schicht Creme überziehen und eine waagerechte Streifenstruktur aufbringen. Auf der Oberseite einen Teil aussparen, um dort die mit Tortenpappe unterlegte Torte mit doppelseitigem Klebeband platzieren zu können. Die Torte mit Creme überziehen und ein senkrechtes Streifenmuster aufbringen. Im Kühlschrank kurz fest werden lassen und auf die untere Etage setzen.

*Variationen: Die Blätter aus Milchschokolade oder dunkler Schokolade herstellen. Die Blattadern eventuell mit essbarem Goldpuder einpinseln. Hübsch sind auch kleine Minze- oder Zitronenblätter. Eine Espresso-Schokoladen-SBBC passt gut zu Vanille- und Orangenbiskuit oder Schokoladenkuchen. Nach Belieben noch 1 Messerspitze Zimt unter die Creme rühren. Bei einer Schichttorte kann die Creme zwischen den einzelnen Schichten zusätzlich mit gehackten Hasel- oder Walnüssen oder etwas fein geraspelter Schokolade bestreut werden.*

# Misty roses

„You look to me
Like misty roses
Too soft to touch
But too lovely to leave alone.“

TIM HARDIN

# MISTY ROSES

**BASIS** 1 **Torte** von 15 cm Durchmesser und 10 cm Höhe, 2 Rezeptmengen **SBBC**, kandierte **Rosenblütenblätter**
**ARBEITSMATERIAL** 2 **Torten-Dummy-Scheiben aus Styropor** von 20 cm und 25 cm Durchmesser und 10 cm Höhe, doppelseitiges **Klebeband**, **Tortenpappe**, **Lochtülle** von 7 mm Durchmesser, **Spritzbeutel**, **Palettenmesser**

*Rezepte S. 14-25, Füllen der Torte S. 26, Federstruktur S. 62, kandierte Rosenblütenblätter S. 70.*

Eine Torte von 15 cm Durchmesser nach Rezeptanleitung backen und füllen. Mit einer dünnen Schicht SBBC überziehen, sodass die Torte vollständig bedeckt ist. Die Torte kurz kühl stellen. Die Scheibe von 20 cm mit doppelseitigem Klebeband auf die 25 cm große Scheibe kleben und diese mit etwas Klebeband auf einer Tortenplatte oder einem Teller befestigen. Noch ein Stück Klebeband auf die obere Styroporscheibe kleben und die mit Tortenpappe unterlegte Torte aufsetzen. Torte und Styroporscheiben dick mit Creme überziehen.

Die Spitze des Spritzbeutels abschneiden, die Lochtülle einsetzen und den Beutel mit SBBC füllen. Auf alle senkrechten Flächen der Torte eine Federstruktur aufspritzen, die Oberseite bleibt glatt. Darauf achten, dass Anfangs- und Endpunkt bei allen Tortenetagen übereinanderliegen. Die Torte mit kandierten Rosenblütenblättern bestreuen.

*Mögliche Kombinationen: Etwa zwei Drittel des Teigs mit pinkfarbener Lebensmittelfarbe färben und ½ Esslöffel Rosenblütenextrakt unterrühren. Beim Zusammensetzen und Füllen der Torte das helle Vanillebiskuit in die Mitte setzen. Die beiden Rosenbiskuitböden bilden die untere und obere Etage. So zeigt sich beim Anschneiden ein hübsches Farbmuster.*

*Serviervorschlag: Cupcakes (Vanille- und Rosenbiskuit) bekommen ein Topping aus derselben Creme und werden oben mit zwei kandierten Rosenblütenblättern dekoriert. Auch eine Gästetorte lässt sich hübsch dekorieren: Dazu auf jedes Tortenstück ein Rosenblütenblatt legen. Ein Beispiel für eine passende Gästetorte findet sich auf Seite 201.*

# CAKEPOPS

**BASIS Cakepops** in einem Geschmack nach Belieben, kandierte **Rosenblütenblätter**

*Rezept S. 42, kandierte Rosenblütenblätter S. 70.*
Die Cakepops nach Rezeptanleitung zubereiten.

Die Bällchen in geschmolzene weiße Glasurlinsen oder weiße Schokolade tauchen.

Die Cakepops zum Trocknen in ein Stück Styropor stecken. Die Rosenblütenblätter mit einem Tropfen geschmolzener Schokolade oder geschmolzener Glasurlinsen auf die Cakepops kleben.

*Mögliche Kombinationen: Rosenbiskuit mit Frischkäsecreme. Das Biskuit hellrosa einfärben.*

*Eine Federstruktur eignet sich gut für einen reiz-
vollen Farbverlauf so wie hier. Die vier in der Torte
verwendeten Farbnuancen wiederholen sich bei
den Cupcakes. Als Dekoration wurden feine Perl-
mutt-Fondantblätter und Zuckerperlen verwendet.*

Die Torte auf der gegenüberliegenden Seite ist ebenfalls mit einer Federstruktur überzogen, doch wurde hier eine dunkelbraune Schokoladencreme verwendet. Dazu passt eine einfache Kugelgirlande. Die warmen Farben der Filzkugeln harmonieren gut mit der Farbe der Torte. Mit einem Überzug aus weißer Creme und leuchtend bunten Filzkugeln erhält die Torte eine fröhliche Note.

# Origami

*„When you put a crease in a piece of paper,*
*You're essentially changing the memory of that piece.“*

ERIK DEMAINE,

IN DER DOKUMENTATION „BETWEEN THE FOLDS“

**BASIS** 1 **Torte** von 15 cm Durchmesser und 10 cm Höhe, ½ Rezeptmenge **Baiser** oder ½ Rezeptmenge weiß eingefärbte **SBBC ARBEITSMATERIAL Palettenmesser**, **Origamipapier** in verschiedenen Mustern, **Schere**, **Klebstoff**

*Rezepte S. 14-25, Füllen der Torte S. 26, Stuckstruktur S. 58.*

Eine Torte von 15 cm Durchmesser nach Rezeptanleitung backen.

Die Torte mit einer dünnen Schicht Baiser oder SBBC überziehen, sodass die Torte vollständig bedeckt ist. Die Creme möglichst glatt verstreichen.

Mit dem Palettenmesser am Seitenrand der Torte entlangstreichen, und zwar immer von unten nach oben, sodass eine schöne Stuckstruktur entsteht. Sie sollte nicht zu gleichmäßig aussehen.

Für das Origami-Dekor: Aus Papierquadraten von 7,5 x 7,5 cm eine große Blüte und aus Papierquadraten von 5 x 5 cm zwei kleine Blüten basteln (siehe Anleitung auf der übernächsten Seite). Jede Blüte ist aus 5 Faltungen zusammengesetzt.

*Mögliche Kombinationen: Vanillebiskuit mit Matcha-SBBC-Füllung und einem Vanille-Baiser- oder Vanille-SBBC-Überzug (SBBC eventuell mit einem Whitener weiß einfärben).*

*Die Blüten lassen sich ebenso gut aus einem anderen Papier arbeiten. Notenpapier, so wie oben, oder Papier aus einem Roman sind ebenfalls hübsch.*

# CAKEPOPS

**BASIS** weiße **Cakepops**
**ARBEITSMATERIAL** Origamipapier
in unterschiedlichen Mustern, **Schere**,
**Klebstoff**

*Rezept S. 42.*
Die Cakepops nach Rezeptanleitung
zubereiten. Nach dem Eintauchen in die
Glasur mit dem Kopf nach unten auf
ein Stück Backpapier setzen. Die Stäbe
möglichst senkrecht stellen.

Aus dem Origami-Papier für jeden Cake-
pop eine Blüte basteln (siehe Anleitung
Seite 140). Die Quadrate haben eine Größe
von 4 x 4 cm. Die Blüten mit der Spitze
nach unten auf die Stäbe stecken.

*Mögliche Kombinationen: Für Matcha-
Cakepops noch 2 Esslöffel Matchapulver zum
Grundrezept für Vanille-Cakepops geben.*

Hier noch einmal dieselbe Technik wie bei der Origami-Torte, nur diesmal etwas glatter gearbeitet. Die Torte sollte möglichst einen hellen, etwas unregelmäßig verstrichenen Überzug erhalten. Diese zweitagige Torte mit einem zarten pastell-grünen Überzug aus SBBC ist mit spiralförmigen Ranunkel-blüten dekoriert, die aus einer alten Landkarte gemacht sind (Anleitung siehe „Adressen" S. 204). Ein Beispiel für eine passende Gästetorte findet sich auf Seite 201.

# Chocolat

„*Why can no one here think of anything but chocolates?*"

JOANNE HARRIS, CHOCOLAT

# CHOCOLAT

**BASIS** 1 **Torte** von 15 cm Durchmesser und 10 cm Höhe, 1 Rezeptmenge weiße Schokoladen-**Ganache**, weiße **Schokostäbchen** (*cigarillos*) **ARBEITSMATERIAL Tortenpappe**, **Palettenmesser**, **Seitenglätter**, **Drehteller**, **Schleifenband** von 1 cm Breite, doppelseitiges **Klebeband**, 1 Scheibe **Steckschaum** von 13 cm Durchmesser und 4 cm Höhe, weiße **Sprühfarbe**, **Schleierkraut**

*Rezepte S. 14-24, Füllen der Torte S. 26, Schokostäbchen S. 64.*

Eine Torte von 15 cm Durchmesser nach Rezeptanleitung backen und füllen. Die Tortenpappe umdrehen, sodass die silberne Seite unten liegt. Torte daraufsetzen und mit einer dünnen Ganache-Schicht überziehen, sodass sie vollständig bedeckt ist. Im Kühlschrank kurz fest werden lassen. Danach mit einer dickeren Ganache-Schicht überziehen. Die Oberseite mit dem Palettenmesser möglichst glatt verstreichen, die Seiten mit dem Seitenglätter glatt ziehen. Die Ganache nicht zu fest werden lassen, also zügig arbeiten. Die Schokostäbchen eventuell auf die passende Länge zuschneiden und dicht an dicht um die Torte herumsetzen.

Ein Stück Schleifenband zuschneiden und einmal um die Torte wickeln. Die Enden mit etwas Klebeband fixieren. Eine flache Schleife binden. Dazu ein 9 cm langes Stück Band

zuschneiden und die Enden in der Mitte mit etwas Klebeband festkleben. Ein 2 cm langes Band zuschneiden und dieses einmal um die Mitte falten und auf der Rückseite mit einem Stück Klebeband festkleben. Die Schleife auf die Nahtstelle des um die Torte herumgelegten Schleifenbandes setzen.

Den Steckschaum mit Wasser tränken und gut abtropfen lassen. Das Schleierkraut so abschneiden, dass 2 cm lange Stiele bleiben. Die Seiten der Steckschaumscheibe möglichst dicht mit Schleierkraut verzieren. Die Torte auf die Blütenscheibe setzen.

*Tipp: Um zu verhindern, dass das Grün des Steckschaums auf die Blüten abfärbt, den Rand der Scheibe vorher weiß einsprühen. Die Farbe muss nicht unbedingt deckend sein. Sobald die Farbe getrocknet ist, die Scheibe dann mit Wasser vollsaugen lassen.*

*Mögliche Kombinationen: Schokoladenkuchen mit dunkler Schokoladen-Ganache-Füllung und weißem Schokoladen-Ganache-Überzug; Red-Velvet-Cake mit Füllung und Überzug aus weißer Schokoladen-Ganache; Vanillebiskuit mit Matcha-SBBC-Füllung und weißem Schokoladen-Ganache-Überzug. Die weißen Schokostäbchen werden etwas eingekürzt, damit sie in der Länge zur 10 cm hohen Torte passen. Die Torte mit den dunklen Schokostäbchen ist 14 cm hoch. Hier können die Schokostäbchen ungekürzt verwendet werden.*

*Die Torte steht hier direkt auf der Tortenplatte. Die Oberseite ist mit Ranunkeln und Ritterspornblüten dekoriert. Dazu passt perfekt ein hellrosafarbenes Schleifenband.*

*Die Schokostäbchen aus dunkler Schokolade wurden bei dieser Torte mit farbigen Papieredelsteinen kombiniert (Anleitung siehe „Adressen" S. 204). Das schafft einen grafischen Effekt. Die Schokostäbchen werden ungekürzt verwendet, die Torte ist 14 cm hoch und hat vier Schichten. Mit verschiedenen Papierarten das Thema variieren. Gold und Silber wirken edel zu dunkler Schokolade und helle Pastelltöne sind schön zu weißen Schokostäbchen.*

# Lavender blue

"Lavender's blue, dilly, dilly, lavender's green,
When I am king, dilly, dilly, you shall be queen.
Who told you so, dilly, dilly, who told you so?
'Twas my own heart, dilly, dilly, that told me so."

ENGLISCHE VOLKSWEISE

# LAVENDER BLUE

**BASIS** 1 **Torte** von 15 cm Durchmesser und 10 cm Höhe, 1 Rezeptmenge **SBBC** (oder eine andere Creme nach Belieben), **Whitener**, lilafarbene **Lebensmittelfarbe (Gel)**
**ARBEITSMATERIAL** 2 **Torten-Dummy-Scheiben aus Styropor** von 20 cm Durchmesser und 7 cm Höhe, doppelseitiges **Klebeband**, **Tortenpappe**, **Seitenglätter**, **Palettenmesser**, dicker **Bindfaden**, **Lavendelstängel**

*Rezepte S. 14-25, Füllen der Torte S. 26, Stuckstruktur S. 58.*

Eine Torte von 15 cm Durchmesser nach Rezeptanleitung backen und füllen. Die SBBC eventuell mit einem Whitener zuerst weiß und dann mit Lebensmittelfarbe blasslila färben. Mit einer dünnen Schicht SBBC überziehen, sodass die Torte vollständig bedeckt ist. Die Torte kurz kühl stellen.

Die beiden Styroporscheiben zusammenkleben und mit doppelseitigem Klebeband auf eine Tortenplatte oder einen Teller kleben. Die Scheiben dünn mit der Creme überziehen, dabei die Mitte auf der Oberseite aussparen, um dort die mit Tortenpappe unterlegte Torte aufsetzen zu können. Die Torte mit Creme überziehen und die

Seiten mit einem Seitenglätter möglichst glatt verstreichen.

Die Torte auf der unteren Styroporetage festkleben. Kühl stellen und erst vor dem Anschneiden auf Zimmertemperatur erwärmen. Kurz vor dem Servieren die Blütenstängel an der Torte befestigen. Dazu einen 1 m langen Bindfaden zuschneiden, die passend eingekürzten Lavendelstängel in die Mitte des Bindfadens legen und mit dem Bindfaden umwickeln. Den Bindfaden um die untere Etage der Torte legen und die Enden verknoten oder zur Schleife binden.

*Mögliche Kombinationen: Schokoladenkuchen mit Schokoladen-Ganache- und lilafarbener SBBC-Füllung. Auch eine Lavendel-Salzbutter-Karamell-Füllung ist sehr lecker. Hierbei zunächst den Kuchen teilen und jeden Kuchenboden mit der Creme bestreichen.*

*Serviervorschlag: Cupcakes bekommen eine Füllung aus Lavendel-Salzbutter-Karamell und ein Topping aus der für die Torte verwendeten Creme. Oder Baisers backen und diese vor dem Trocknen im Backofen mit Lavendelblüten bestreuen.
Ein Beispiel für eine passende Gästetorte findet sich auf Seite 201.*

Baisers in Weiß und Lila werden vor dem Trocknen
im Backofen mit getrockneten Lavendelbüten bestreut.
Rechts: Die Cupcakes mit der Creme der Torte bestreichen. Als Dekoration sehen frische kandierte
Lavendelblüten hübsch aus.

# Somewhere over the rainbow

„Somewhere over the rainbow
Skies are blue
And the dreams that you dare to dream
Really do come true.“

HAROLD ARLEN E.Y. HARBURG

# SOMEWHERE OVER THE RAINBOW

**BASIS** 1 **Torte** von 15 cm Durchmesser und 10 cm Höhe mit 4 Schichten (siehe unten stehende Anleitung), 1 Rezeptmenge **SBBC**, **Lebensmittelfarbe (Gel)** in Rosa, Orange und Gelb
**ARBEITSMATERIAL Palettenmesser**, **Seitenglätter**, **Drehteller**, **Tonkarton** in passender Farbe, **Schaschlikstäbe**

*Rezepte S. 14-25, Füllen der Torte S. 26, glatte Struktur S. 58.*
Einen Schriftzug herstellen (mit der Hand oder am Computer). Darauf achten, dass alle Buchstaben leicht übereinanderliegen und ein geschlossener, ausschneidbarer Schriftzug entsteht. Diesen sorgfältig ausschneiden. Die Schaschlikstäbe auf die gewünschte Höhe einkürzen und auf die Rückseite des Schriftzugs kleben.

Eine Torte von 15 cm Durchmesser nach Rezeptanleitung backen, dabei den Teig auf zwei Backformen verteilen. Jeden Biskuitboden einmal durchschneiden, sodass vier Böden entstehen. Die SBBC in vier Portionen teilen, eine Portion unbehandelt lassen, die übrigen in Rosa, Orange und Gelb einfärben.
   Die SBBC auf die Böden streichen und die Torte folgendermaßen zusammensetzen: Kuchenboden, eine Schicht rosafarbene Creme, Kuchenboden, eine Schicht orangefarbene Creme, Kuchenboden, eine Schicht

gelbe Creme und zum Schluss vierten Boden auflegen. Die Torte mit einer dünnen Schicht der weißen Creme überziehen, sodass die Torte vollständig bedeckt ist. Im Kühlschrank kurz fest werden lassen.
   Die Torte auf eine Tortenplatte setzen. Mit einer zweiten Schicht Creme überziehen. Oben und am oberen Rand weiße Creme verteilen. Darunter gelbe Creme, dann orangefarbene Creme und ganz unten rosafarbene Creme auftragen. Mit dem Seitenglätter glatt verstreichen. Den Schriftzug auf die Torte setzen.

*Tipp: Die SBBC sollte möglichst cremig sein, dann lässt sie sich einfacher verarbeiten und die Torte sieht schöner aus. Eventuell einen Teil in der Mikrowelle erwärmen und dann unter die Creme rühren.*

*Variationen: Andere Farben verwenden. Oder die Farben der Torte übernehmen und für eine andere Tortendekoration verwenden. Den Farbverlauf auch bei anderen Strukturen anwenden. Die Farbe passt sowohl zu einer geradlinigen Struktur wie der Federstruktur, aber auch zu einer lockerer verstrichenen Creme. Weitere Ideen sind auf der übernächsten Doppelseite abgebildet.*

GLATTE STUCKSTRUKTUR

SENKRECHTE STREIFENSTRUKTUR

STUCKSTRUKTUR MIT FARBKLECKSEN

FEDERSTRUKTUR

## DEKO-SCHWEINCHEN MIT EINGEFÄRBTEN PFOTEN UND KERZEN

## WEISSES DEKO-BRAUTPAAR MIT EINGEFÄRBTER UNTERSEITE

## PAPIER-CAKETOPPER MIT RETROBLUMEN

# BAISERTURM

**BASIS Eiweißglasur**, 7 **Eiweiß**, 350 g
**Kristallzucker**, **Lebensmittelfarbe
(Gel)** in Gelb, Orange und Pink
**ARBEITSMATERIAL** 1 **Styroporkegel**
von 40 cm Höhe und 18 cm Durchmesser,
**Palettenmesser**, 1 **Lochtülle** von ca. 1 cm
Durchmesser, 3 **Spritzbeutel**, **Backpapier**,
**Pinsel**, **Cocktailspieße**

*Rezept S. 46.*
Den Styroporkegel mit Eiweißglasur bestreichen. Das geht am besten mit einem
Palettenmesser. Die Glasur über Nacht
trocknen lassen.

Den Backofen auf 90 °C (80 °C Umluft)
vorheizen. Die Baisers in den entsprechenden Farben zubereiten. Für die beiden oberen Farben des Turmes jeweils 2 Eiweiße in
eine Schüssel geben und schlagen, bis sich
weiche Spitzen zeigen. Nach und nach
100 g Zucker einrieseln lassen und weiterschlagen, bis der Eischnee schön fest ist.
Nun 1 Tropfen Lebensmittelfarbe zugeben,
damit das Baiser eine hübsche Pastellfarbe
annimmt. Für die untere Farbe des Turmes
3 Eiweiße und 150 g Zucker verarbeiten.

Ein Backblech mit Backpapier auslegen
und die Ecken mit wenig Baiser fixieren.

Die Spitze vom Spritzbeutel abschneiden
und die Lochtülle einsetzen. Mit einem
Pinsel drei Streifen Lebensmittelfarbe von
unten nach oben auf die Innenseite des
Spritzbeutels ziehen und Baisermasse einfüllen. Nun Baisers von 3 cm Durchmesser
im Abstand von 2 cm auf das Backblech
spritzen.

Die Baisers etwa 2 Stunden im Backofen
trocknen lassen, dann den Backofen aus-
schalten und die Baisers darin abkühlen lassen. Auf diese Weise alle drei Baiserfarben
backen. Von der unteren Farbe werden rund
70 Baisers genötigt und von der mittleren
und oberen jeweils 45 Baisers.

Die Cocktailspieße in der Mitte durchschneiden, mit dem abgeschnittenen Ende
in den Kegel stecken und die Baisers auf das
spitze Ende spießen. Dient der Turm lediglich als Dekoration, dann können die Baisers
zusätzlich mit Eiweißglasur festgeklebt werden. So verrutschen sie beim Transportieren
nicht. Eventuell eine Schale mit einzelnen
Baisers dazustellen.

*Variationen: Die Baisers nach Belieben
aromatisieren, hierzu 2 Tropfen Extrakt unter
die Baisermischung rühren.*

Für die SBBC wurden vier verschiedene Farben gewählt: Auf jeder Etage gehen jeweils zwei Farben ineinander über. Den Tortenüberzug nicht zu glatt verstreichen. Es können einige Streifen sichtbar bleiben. Ein kleiner Ballon an einem Eisendraht setzt einen fröhlichen Akzent.

Bei dieser Torte wurde ein Farbverlauf aus einer Farb-
gruppe gewählt. Die Creme ist glatt verstrichen. Als
Dekoration dienen selbst gebastelte Papierbälle, die auf
einen Holzstab gesteckt wurden.

# Cigarettes & chocolate milk

*„Cigarettes and chocolate milk*
*These are just a couple of my cravings*
*Everything it seems I like's a little bit stronger*
*A little bit thicker*
*A little bit harmful for me."*

RUFUS WAINWRIGHT

**BASIS** 1 **Torte** von 15 cm Durchmesser und 10 cm Höhe, 1 ½ Rezeptmengen Schokoladen-**Ganache**, ca. 120 dunkle Schokoladen-**Trüffel** (siehe Rezept Seite 180) **ARBEITSMATERIAL** 2 **Torten-Dummy-Scheiben aus Styropor** von 20 cm Durchmesser und 7 cm Höhe, doppelseitiges **Klebeband**, **Tortenpappe**, **Teelöffel**, **Palettenmesser**

*Rezepte S. 14-25, Füllen der Torte S. 26, Kugelstruktur S. 64.*
Die Trüffel bereits am Vortag herstellen und in einem gut verschließbaren Behälter im Kühlschrank aufbewahren. Eine Torte von 15 cm Durchmesser nach Rezeptanleitung backen.

Mit einer dünnen Schicht Ganache überziehen, sodass die Torte vollständig bedeckt ist. Die Torte kurz kühl stellen. Die beiden Styroporscheiben zusammenkleben und mit doppelseitigem Klebeband auf eine Tortenplatte oder einen Teller kleben. Auf die Oberseite der oberen Scheibe ein Stück Klebeband kleben und die mit Tortenpappe unterlegte Torte daraufsetzen.

Torte und Styropor mit der Ganache überziehen.

Die Trüffel mit einem scharfen Messer halbieren und nun folgendermaßen auf die

Torte kleben: In Reihen von unten nach oben arbeiten. Jede Trüffelreihe versetzt zur vorherigen aufkleben. So weiterverfahren, bis die ganze Torte bedeckt ist. Falls die Trüffelhälften nicht gut haften bleiben, noch zusätzlich etwas Ganache auf die Schnittfläche streichen.

*Variationen: Die Torte kann auch mit weißer Schokoladen-Ganache nach dem Rezept von Seite 181 zubereitet werden. Für eine runde Torte von 15 cm Durchmesser und 10 cm Höhe werden etwa 40 ganze (bzw. 80 halbe) Trüffel benötigt. Weiße Trüffel sollten möglichst lange im Kühlschrank aufbewahrt werden. Im Kühlschrank halten sich Trüffel etwa 2 Wochen, im Tiefkühlfach bis zu 2 Monaten. Eventuell weicht die Kakao- oder Puderzuckerschicht beim Auftauen durch die Feuchtigkeit etwas auf. Dann einfach nochmals mit Kakao oder Puderzucker bestäuben.*

*Trüffel-Variationen: Bei den dunklen Schokoladen-Trüffeln 2 EL Sahne durch 2 EL ungesüßtes Fruchtpüree (z. B. Himbeerpüree), Rum oder Cognac ersetzen.*
*Bei den weißen Schokoladen-Trüffeln kann 1 EL Sahne durch 1 EL Zitronensaft oder Baileys ersetzt werden.*

# CAKEPOPS

**BASIS Cakepops**, in dunkle Schokolade getaucht, **Kakaopulver**
**ARBEITSMATERIAL Tasse**, **Back-papier**, **Schleifenband** von 4 mm Breite

*Rezept S. 42.*
Die Tasse mit Kakaopulver füllen. Die Cakepops nach Rezeptanleitung zubereiten (die Unterseite leicht flach drücken, damit die Cakepops besser stehen bleiben).
Die noch feuchten Cakepops zur Hälfte in das Kakaopulver tauchen und dann umgedreht auf Backpapier trocknen lassen. Mit Schleifenband kleine Schleifen um die Stäbe binden.

*Mögliche Kombinationen: Cakepops aus einer Mischung von Schokoladenkuchen und Ganache zubereiten und in geschmolzene dunkle Schokolade und Kakaopulver tauchen.*
*Für eine weiße Variante: Cakepops aus einer Mischung von Zitronenbiskuit und Frischkäse zubereiten und in geschmolzene weiße Schokolade und Puderzucker tauchen.*

*Dunkle Schokoladen-Trüffel (für 45 Stück):*
*340 g dunkle Schokolade, 240 ml Sahne,*
*2 TL Zucker, 25 g Butter, Kakaopulver*
Die Schokolade fein hacken. Die Sahne mit Zucker
und Butter erwärmen und über die Schokolade
gießen. Gut verrühren. Über Nacht im Kühlschrank
fest werden lassen. Gleich große Kugeln (etwa 12 g pro
Stück) formen und in Kakaopulver rollen. Abgedeckt
im Kühlschrank fest werden lassen.

*Weiße Schokoladen-Trüffel (für 45 Stück):*

*500 g weiße Schokolade, 150 ml Sahne,*

*35 g Butter, Puderzucker*

Die Schokolade fein hacken. Die Sahne mit der
Butter erwärmen und über die Schokolade gießen.
Gut verrühren. Über Nacht im Kühlschrank fest
werden lassen. Gleich große Kugeln (etwa 12 g pro
Stück) formen und in Puderzucker rollen. Abge-
deckt im Kühlschrank fest werden lassen.

Statt der selbst gemachten Trüffel gekaufte Pralinen
(z. B. Malteser) verwenden und die Torte mit einer
weißen Schokoladen-Ganache überziehen.
Die Ganache fest werden lassen. Anschließend die
Oberseite mit einem Stück Frischhaltefolie abdecken,
damit der gut abgetropfte Steckschaum für die Tulpen
nicht direkt mit der Torte in Berührung kommt.

# Dream a little dream of me

„Sweet dreams till sunbeams find you,
sweet dreams that leave all worries behind you.
But in your dreams, whatever they be,
dream a little dream of me."

THE MAMAS & THE PAPAS

# DREAM A LITTLE DREAM OF ME

**BASIS** 1 **Torte** von 15 cm Durchmesser und 10 cm Höhe, 1 Rezeptmenge **SBBC**, 800 g **Kokosraspel**
**ARBEITSMATERIAL** 2 **Torten-Dummy-Scheiben aus Styropor** von 20 cm und 25 cm Durchmesser und 10 cm Höhe, doppelseitiges **Klebeband**, **Tortenpappe**, **Palettenmesser**, **Pfingstrosenblüten**, **Blumenband**

*Rezepte S. 14-25, Füllen der Torte S. 26, Kokosstreusel S. 64.*

Eine Torte von 15 cm Durchmesser nach Rezeptanleitung backen. Mit einer dünnen Schicht Creme überziehen, sodass die Torte vollständig bedeckt ist. Die Torte kurz kühl stellen. Die Styroporscheiben von 20 cm und 25 cm Durchmesser zusammenkleben und mit doppelseitigem Klebeband auf eine Tortenplatte oder einen Teller kleben. Auf die Oberseite ein Stück Klebeband kleben und die Torte mit der Tortenpappe auf das Styropor setzen.

Torte und Styropor mit der Creme überziehen. Kokosraspel leicht in die Creme drücken, sodass sie haften bleiben. Torte vollständig damit bedecken und an einem kühlen Ort aufbewahren, vor dem Anschneiden auf Zimmertemperatur erwärmen.

Die Stängel der Pfingstrosen kurz abschneiden und mit dem Blumenband umwickeln. Die Blüten auf der Torte drapieren.

*Mögliche Variationen: Exotische Aromen passen gut zu den Kokosraspeln. Köstlich sind Vanillebiskuit mit Passionsfruchtcreme- und Vanille-SBBC-Füllung oder Kokosbiskuit mit Mangopüree- und Vanille-SBBC-Füllung. Zu Kokos passt auch gut der Red-Velvet-Cake mit Frischkäsecreme-Füllung.*

# CAKEPOPS

**BASIS Cakepops**, in dunkle **Schokolade** getaucht, **Candy Colour** (siehe Seite
50), weiße **Glasurlinsen** (Candymelts) oder
weiße **Schokolade, Kokosraspel**

*Rezept S. 42.*
Die Cakepops nach Rezeptanleitung
zubereiten und anschließend tief in die mit
Candy Colour eingefärbten geschmolzenen
weißen Glasurlinsen oder die geschmolzene
weiße Schokolade tauchen. Die Farbe sollte
zu den Blüten der Torte passen. Auch einen
Teil des Stabs einfärben. Solange die Glasur
noch feucht ist, die Cakepops zur Hälfte
in die Kokosraspeln tauchen. Zum Schluss
umgedreht auf Backpapier vollständig
trocknen lassen.

*Mögliche Kombinationen: Zitronenbiskuit
oder Kokosbiskuit mit Frischkäsecreme.*

*Edelwicke*

*Große Sterndolde*

*Pfingstrose*

*Clematis*

*Rose*

*Die Pfingstrosen mit Blumen in Rosa- und Lilatönen*
*zu einem wunderschönen Brautstrauß binden. Die*
*Stängel erst mit Blumenband und dann mit einem*
*breiten Jutestreifen umwickeln. Das Ende auf der Rück-*
*seite mit kleinen Stecknadeln fixieren.*

Die gleiche Torte mit einem Herz aus Fondant dekoriert. Dazu rotes Fondant etwa 1 ½ mm dick ausrollen, am einfachsten auf einem Modellierbrett (CelBoard) mit Rillen, wodurch auf der Rückseite eine Verdickung entsteht. Das Herz so ausstechen, dass die Verdickung genau in der Mitte liegt. Einen Cocktailspieß in die Verdickung einführen und das Fondant mindestens 1 Tag trocknen lassen (das größere Herz etwas länger trocknen lassen). Die Herzen auf den Red-Velvet-Cupcakes sind etwas kleiner.

*Eine echte Wintertorte: Reh und Hirsch im verschneiten Kerzenwald. Die Flammen der langen handgezogenen Kerzen (siehe Anleitung Seite 76) verströmen ein warmes Licht. Ein Beispiel für eine passende Gästetorte findet sich auf Seite 201.*

Statt mit Kokos oder weißer Schokolade kann die Torte zuerst mit einer Schokoladen-Ganache überzogen und dann mit Schokoladenraspeln bestreut werden. Blumen in leuchtenden und dunkelröten Tönen setzen einen schönen Akzent zum Schokoladenbraun.

# PLANUNG

Sie haben eine größere Feier geplant und möchten sich selbst um die Torte kümmern? Wie bewerkstelligen Sie das am besten? Mit einer guten Planung können Sie Stress vermeiden.

Sie legen ein Datum fest und rechnen zurück. So wissen Sie genau, wann Sie mit den Vorbereitungen starten müssen. Einige Dinge wie haltbare Dekorationen lassen sich einige Zeit im Voraus herstellen. Noch nicht dekorierte Tortenböden können nach dem Backen eingefroren werden, genau wie die SBBC. Überzug und Dekorationen sollten erst kurz vor dem Servieren auf die Torte kommen. Wenn die Torte jedoch an einem kühlen Ort steht, kann sie auch zwei Tage im Voraus mit Creme überzogen und dekoriert werden.

Cakepops, Kekse und Baisers lassen sich ebenfalls einige Zeit im Voraus herstellen. Auch hier können Sie Schritt für Schritt vorgehen. Zunächst stellen Sie die Kugeln für die Cakepops her und frieren sie sofort ein. Etwa 4–5 Tage vor dem Fest werden sie dann dekoriert.

*Tipp: Eine Torte auf einem Tortenplateau sieht zwar dekorativ aus, ist aber schwierig zu transportieren. Muss die Torte im Auto zur Feier gebracht werden, dann empfiehlt es sich, sie auf einer flachen Unterlage zu transportieren und erst vor Ort auf die Tortenplatte zu setzen.*

*Aus MDF einen Kreis aussägen, dessen Durchmesser 5 cm größer ist als der untere Tortenboden. Die Scheibe mit lebensmittelechter, in einer zur Torte passenden Farbe streichen. Eventuell ein Schleifenband um den Scheibenrand legen. Die Torte mit doppelseitigem Klebeband mit der Unterseite (bei einer mehretagigen Torte ist das die untere Styroporscheibe, bei einer Torte mit nur einer Etage ist das die Tortenpappe, auf der die Torte steht) auf die Scheibe kleben. Die Torte erst überziehen, wenn sie auf der Scheibe fixiert ist.*

**SO GEHT'S:**

• Zuerst überlegen, wie die Torte aussehen soll. Dabei Anlass und Ort der Feier, Einladung, Jahreszeit oder den eigenen Geschmack berücksichtigen. Bei der Wahl der Torte auch an Schwierigkeitsgrad und Zubereitungszeit denken. Die aufgespritzte Rosentechnik ist einfach und schnell umzusetzen, während eine Torte mit selbst gemachten Schokoladentrüffeln viel Vorbereitungszeit erfordert, dann aber recht zügig zu dekorieren ist. Die Federstruktur ist einfach, aber zum Schluss recht zeitintensiv.

• Die Torte zum Anschneiden (die obere Torte bei einer Etagentorte) reicht für ungefähr 16 Personen, je nach Höhe der Torte und Größe der Portionen. Aus einer quadratischen Gästetorte lassen sich etwa 16 Stücke schneiden.

• Wie soll die Torte serviert werden? Bereits vorher in Stücke geschnitten und auf Tellern serviert oder als Ganzes auf einem Tortenplateau? Für die Gästetorten auf jeden Fall ausreichend Tortenplatten einplanen. Aus MDF 20 x 20 cm große Platten zuschneiden lassen und in einer hübschen, passenden (lebensmittelechten) Farbe streichen. Aus kleinen Holzwürfeln Füße fertigen.

**1. DER TAG DES FESTES:** An diesem Tag bekommen die Torten den letzten Schliff (falls das noch nötig sein sollte): Kandierte oder echte Blüten auf den Torten dekorieren.

Bei echten Blüten ist es ratsam, diese erst kurz vor dem Servieren anzubringen. Auch Dekorationen, die schwierig zu transportieren sind, wie Fähnchen oder Stäbe, sollten erst ganz zum Schluss auf die Torte gesetzt werden.

**2. EIN TAG VORHER:** Länger haltbare Dekorationen wie Fondantblüten auf die Torte setzen.

**3. DREI TAGE VORHER:** Die Biskuitböden (und eventuell die Cupcakes) aus dem Tiefkühlfach nehmen und auf Zimmertemperatur erwärmen lassen. Die eventuell schon vorbereitete Creme ebenfalls aus dem Tiefkühlfach nehmen und auf Zimmertemperatur erwärmen. Noch einmal kräftig umrühren. Ansonsten nun die Creme frisch zubereiten. Die Kuchenböden in der Mitte durchschneiden, mit Creme, Ganache oder einer anderen Masse füllen und einen dünnen Grundüberzug (siehe Seite 26) aufbringen. Kurz fest werden lassen. Die Torte mit der gewählten Struktur veredeln und die Torte in einer Pappschachtel (nicht luftdicht verschlossen) an einen kühlen Ort stellen.

**4. FÜNF TAGE VORHER:** Cupcakes mit einem Überzug versehen. Abschließend an einem kühlen Ort aufbewahren, aber nicht in den Kühlschrank stellen. Blüten kandieren und an einem trockenen Ort aufbewahren.

**5. ZWEI WOCHEN VORHER:** Baisers oder Kekse können zubereitet und gebacken werden. In einem luftdicht verschließbaren Gefäß bei Zimmertemperatur aufbewahren.

**6. MAXIMAL ZWEI MONATE VORHER:** Die Kuchenböden backen und noch lauwarm in Frischhaltefolie wickeln. Abkühlen lassen und ins Gefrierfach legen. Füllung und Creme für den Überzug zubereiten und in einem luftdicht verschließbaren Kunststoffgefäß einfrieren. Auch Cakepops und Cupcakes lassen sich ohne Dekoration schon zubereiten und einfrieren.

**5. WANN IMMER ZEIT IST:** Dekorationen wie Papierblüten, Fondantblüten, Fahnengirlanden und Kerzen sind unbegrenzt haltbar. Möglichst früh herstellen, dann sind sie auf jeden Fall rechtzeitig fertig.

Auch Styroporscheiben für die Tortenetagen können frühzeitig bestellt oder zugeschnitten werden. Tortenplatten kaufen oder selbst basteln oder eventuell auch ausleihen.

Wenn ausreichend Zeit ist, empfiehlt es sich, eine Probetorte schon einmal frühzeitig zu backen. So sind Sie auf jeden Fall vor Überraschungen gefeit.

Quadratische Gästetorten sollten passend zur Haupttorte dekoriert werden. Für beide Torten die gleiche Creme und Technik für den Überzug wählen. Die gleiche Dekoration verwenden, für die Gästetorte eventuell in einer kleineren Größe, damit die Proportionen stimmen.

Heller Biskuit mit Zitronenabrieb und -saft mit einer Vanille-SBBC- und Lemon-Curd-Füllung passend zur Torte auf Seite 112.

*Passend zur Torte auf Seite 156*

*Passend zur Torte auf Seite 80*

*Passend zur Torte auf Seite 127*

*Passend zur Torte auf Seite 100*

*Passend zur Torte auf Seite 194*

*Passend zur Torte auf Seite 146*

# ARBEITSMATERIAL

### Backform

Für die hier hergestellten Torten werden eine runde Backform von 15 cm Durchmesser und eine quadratische Form von 15 x 15 cm benötigt. Am besten hohe einteilige Formen aus dickem Aluminium verwenden. Vor dem Backen mit Backpapier auslegen.

### Lebensmittelfarbe

Ein Gel ist einfacher im Gebrauch als flüssige Farbe, da die zu färbende Zutat durch ein Gel nicht die Konsistenz ändert. Zum Einfärben von Schokolade spezielle „Candy"-Farbe verwenden.

### Fondantausstechformen

Zum Ausstechen von Blüten, Blättern und Herzen aus Fondant sind diese Formen ideal. Einige haben einen Druckmechanismus, damit sich das Fondant besser aus der Form herauslösen lässt.

### Messlöffel

Werden meist als Set von ½ Teelöffel bis zu 1 Esslöffel angeboten. Bei den Rezepten wird immer 1 gestrichener Löffel als Maß angegeben.

### Fondantglätter

Praktisch zum glatten Verstreichen von essbarem Fondantpapier (frosting sheet).

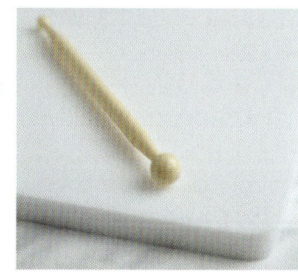

### Modellierstab

Zum feinen Modellieren der (Blüten-) Blattränder. Wird die Kugel am Ende auf ein Blütenblatt gedrückt, können sich die Ränder hübsch wellen. Am besten auf einer speziellen Schaumgummiunterlage arbeiten, da dies auf einer festen Unterlage nicht gelingt.

### Keksausstechformen

Die einfachsten Formen sind die praktischsten. Besonders, wenn sie einen Wellen- oder Zackenrand haben. Bei jedem zweiten Keks Form kurz in Mehl „tauchen", damit der Teig nicht klebt. Glatte Kreisformen können für die Schachbretttorte genutzt werden.

### Palettenmesser

Ideal zum Auftragen und Verstreichen von Creme und Ganache auf der Torte. Die abgewinkelte Form sorgt dafür, dass sich mit dem Messer gut arbeiten lässt.

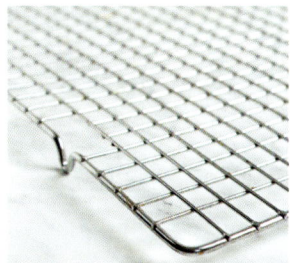

### Kuchengitter

Kekse bleiben knusprig, wenn sie auf einem Kuchengitter abkühlen können. Cupcakes direkt nach dem Backen aus der Form herauslösen. Kuchen ruhen noch 10 Minuten in der Form und kühlen dann auf dem Gitter vollständig ab.

### Schneebesen

Unentbehrlich bei der Zubereitung des Schweizer Baisers bzw. der Schweizer Baiser-Buttercreme. Unter ständigem Schlagen mit dem Schneebesen wird die Eiweiß-Zucker-Masse über dem Wasserbad steif geschlagen.

### Seitenglätter

Ist ideal, um eine Cremeschicht an der Außenseite glatt zu verstreichen. Wenn dabei noch ein Drehteller benutzt wird, kann die Creme mit einer fließenden Bewegung verstrichen werden.

### Spritzbeutel

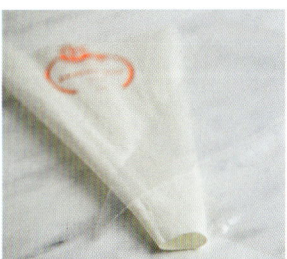

Als Einwegvariante oder als abwaschbarer Spritzbeutel erhältlich. Für große Torten große Spritzbeutel verwenden, etwa zum Auftragen von Creme in Rosen- oder Federstruktur auf eine Torte, oder aber kleine Beutel zum Aufspritzen von Eiweißglasur.

### Spritztüllen

Zum Aufspritzen der Creme bei Cupcakes große Spritztüllen verwenden, für kleine Zierränder bei Torten und Gebäck Tüllen mit kleiner Öffnung wählen. Eine Spitze vom Spritzbeutel abschneiden und die Spritztülle einsetzen.

### Küchenmaschine

Nicht unbedingt erforderlich, aber sehr praktisch. Den Quirl zum Steifschlagen von Eiweiß nehmen und mit dem Flachrührer Teig mischen und Butter für die SBBC glatt rühren.

### Steckschaum

Damit Blüten länger frisch bleiben, den Steckschaum mit Wasser tränken und 10 Minuten abtropfen lassen. Der Schaum lässt sich zuschneiden. Wird die Torte daraufgesetzt, dann die Tortenpappe unter der Torte mit der Beschichtung nach unten auflegen.

### Thermometer

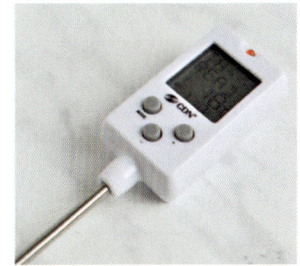

Sehr empfehlenswert bei der Zubereitung von Schweizer Baiser. Die Temperatur lässt sich bei der digitalen Variante gut ablesen.

### Tortenkamm

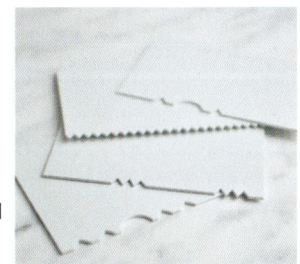

Damit lässt sich Cremeüberzug auf der Torte einfach und schön gestalten. Die Creme sollte dafür nicht zu fest sein. Am besten einen Drehteller benutzen, dann kann die Torte in einer durchlaufenden Bewegung bearbeitet werden.

### Tortenpappen

Mit einer kleinen Crememenge der Füllung oder des Überzug die untere Etage der Torte auf die Pappe „kleben". Die Pappe gibt es in unterschiedlichen Dicken. Ideal ist eine 4 mm dünne Pappe.

### Tortenschneider

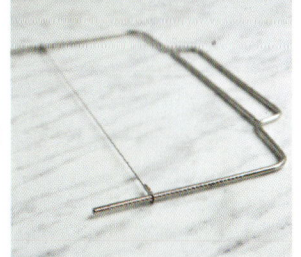

Damit werden die Schichten der Torte sauber und gleich hoch durchgeschnitten. Das Gerät wird mit Draht oder mit feiner Säge (wie abgebildet) angeboten. Der Draht ist in der Höhe verstellbar.

### Veiner

Ein Prägemotiv ist gut geeignet zum Ausarbeiten von Blätter- und Blütendetails. Ideal für Blumen- und Modellierpaste (*flower paste*), doch auch für Fondant geeignet.

# ADRESSEN

## TORTEN

**GRÖSSE EINLEITUNG SEITE 8**

*Modellfiguren:*

teradamokei.jp/en

**HEART LIKE A WHEEL SEITE 92**

*Love-Schablone:*

koek-it.nl/stencils-love

**INSTANT KARMA SEITE 100–107**

*Essbares Fondantpapier:*

zuckerpapier24.de

**ROMAN HOLIDAY SEITE 114**

*Milchflaschen:*

winkelvanpapier.nl

**MISTY ROSES SEITE 134 UND 136**

*Brautpaar aus Holz:*

taartpopje.nl/taartpopjes

*Filzkugeln:*

meervilt.nl/winkel/halffabrikaten/viltballetjes

**ORIGAMI SEITE 146**

*Papierranunkeln: selbst gemacht. Schablonen etc.:*

catchmyparty.com/blog/diy-paper-rose-wreath-tutorial

**CHOCOLAT SEITE 154**

*Papierformen: selbst gemacht. Schablonen etc.:*

minieco.co.uk

**DREAM A LITTLE DREAM OF ME SEITE 194**

*Tierfiguren:*

langzalzeleven.com

## ALLGEMEIN

*Backformen, Lebensmittelfarbe (flüssig oder Gel), Fondant und andere Grundmaterialien*

tortendeko.de

meincupcake.de

tolletorten.com

tortenzauber.de

tortenwelt-shop.com


*Kuchen-Dummies aus Styropor:*

torten-boutique.de


*Steckschaum:*

floral-direkt.de


*Pompons, gestreifte Strohhalme, Lampions, Luftballons etc.:*

langzalzeleven.com

adaywithkate.com/nl/feest.html


*Schöne Cupcakeförmchen von 38 mm Höhe, in verschiedenen Farben, silber und gold-metallic:*

meincupcake.de

dawanda.com

babybellyparty.de


*Einladungen, Dekoration und Gästebücher im Naturstil. Außerdem schöne, auf Maß gearbeitete Stempel mit Text für selbst gemachte Einladungen:*

bridewellblog.com

## DO-IT-YOURSELF

*Websites zum kostenlosen Herunterladen von Mustern. Zuerst Farben und den gewünschten Text auswählen. Dann das Muster ausdrucken oder die Datei zum Drucker oder Copyshop schicken. Viele Do-It-Yourself-Beispiele zum Downloaden:*
weddingchicks.com

*Gestaltung von eigenen Einladungen und andere Ideen zum Downloaden:*
i-do-it-yourself.com
loveandlavender.com/downloads
printableinvitationkits.com

*Einige Entwürfe sind kostenpflichtig, doch die Auswahl ist groß und die Qualität gut. Außerdem Päckchen mit Einladungen, Adresssticker, Tischkärtchen etc.:*
downloadandprint.com

*Do-It-Yourself-Ideen, Druckvorlagen:*
confettidaydreams.com/category/wedding-diy

*Wunderschöne Karten, Stempel und Umschläge. Außerdem Schablonen für eigene Umschläge:*
stempelmuehle.de

*Hübsche Verpackungen, Schleifenbänder und Karten:*
christa-baender.de

*Papier in allen denkbaren Variationen. Für Einladungen, Dekorationen und alles aus Papier:*
dawanda.com

## INSPIRATION

*Auf* www.etsy.com *lassen sich wunderbare Dinge entdecken. Einfach einen (englischen) Begriff wie „wedding favour" oder „wedding stationary" eingeben.*

*Prachtvolle Einladungen vor allem für die Vintage-, Retro- und Öko-Hochzeit:*
etsy.com/shop/ellothere?ref=seller_info

*Ähnlich wie etsy.com: (Englische) Begriffe wie „diy wedding", „diy party" oder „moodboard wedding/party" eingeben und schon erscheint eine komplette Liste mit inspirierenden Beispielen:*
pinterest.com

*Die englischsprachigen Adressen auf diesen Websites bieten vielfältige Anregungen. Es lohnt sich, mal reinzuschauen. Themen wie beispielsweise Hochzeit in Farbe, „idea boards" und Einladungen werden behandelt:*
marthastewartweddings.com
ruffledblog.com
greenweddingshoes.com
oncewed.com

# DANK

Als ich mit dem Backen (und zugleich Fotografieren meiner Backwerke) begann, hätte ich mir nie träumen lassen, dass daraus einmal ein Buch entstehen könnte. Doch nun liegt es tatsächlich vor mir. Ich wollte möglichst viel selbst machen: Rezepte, entwickeln, backen und dekorieren, Styling und Fotografie sowie Buch-Layout. Doch all das wäre mir nie gelungen ohne die Unterstützung von großartigen Menschen:

Meine Mutter backte schon in den 1970er-Jahren Cupcakes, die ich dann in der Schule verteilte. Zum Geburtstag gab es immer ihre selbst gebackenen Torten. Mein Vater ist ein begeisterter Hobbyfotograf. Auf der Kunstakademie durfte ich seine Hasselblad benutzen und er zeigte mir, wie man Fotos in der Dunkelkammer auf unserem Dachboden selbst entwickelt. Die Kamera, mit der ich die Fotos zu diesem Buch fotografiert habe, bekam ich von ihm geschenkt. Allerliebsten Dank, euch beiden, Mama und Papa!

Jan Brandt war einer der Ersten, der mich ermunterte, einen Verlag zu suchen.

Sebastian Hanekroot von „Colour & Books" achtete darauf, dass meine Fotos so perfekt wie möglich gedruckt wurden.

Mirjam und Peter von „Bloemsierkunst De Linde" in Arnheim wählten die benötigten Blumen aus, und Fred Mensink, ebenfalls in Arnheim, baute für mich einige Hintergründe aus Holz. Für Jeannette und Luuk habe ich meine erste richtige Hochzeitstorte (Seite 134) gebacken und dekoriert.

Und dann natürlich mein über alles geliebter Ehemann und unsere zwei fantastischen Söhne Marten und Joop. Bestimmt habe ich sie manchmal ziemlich genervt: das endlose Testen von Rezepten, meine Laune, wenn mal wieder etwas nicht so lief, wie ich es mir vorgestellt hatte, und das Chaos in der Küche – die beim Backen gleichzeitig auch als Fotostudio fungierte. Ihre Unterstützung, Hilfe und Begeisterung waren unendlich wichtig für mich.

*Moniek*

# REGISTER